밤나무집 도령
내 마음속에 그림 그리기

박길동 두 번째 시집

| 시인의 말 |

시집 『내 마음속에 그림 그리기』를 출간하며

우리의 삶은 매일 같이 어떻게 살 것인가에 대한 그림 그리기입니다. 오늘은 어떤 그림을 그릴까 쉽게 생각할 때도 있지만, 어떤 그림을 그려야 멋지고 좋은 그림일까 고민하기도 합니다.

인간이나 동식물뿐만 아니라 삼라만상이 우주의 질서 속에 더불어 살아가고 있습니다. 하지만 만물의 영장인 인간은 각자의 생각에 따라 여러 갈래의 그림을 그리며 살아가고 있습니다.

이왕이면 나 혼자만이 행복해지는 그림보다는 우리 모두 다같이 행복해지는 그런 큰 그림을 그려야 하지 않겠나 싶습니다. 그것이 바로 인간 본연의 사명이고 삶이기 때문입니다.

'여의길상如義吉祥'이라 하지 않습니까?

항상 길하고 상서로운 일들은 자신의 의지, 좋은 마음가짐과 좋은 생각에 달려있다고 합니다. 좋은 생각과 좋은 마음으로 인생을 살아간다는 것은 인간으로서 기본자세임과 동시에 최선最善이며 주어진 사명이자 책무가 아닐까 생각합니다.

따라서 주어진 생명이 있는 그날까지 주어진 사명을 완수할 수 있도록 매일 같이 큰 그림을 그리고 이를 실천하여 다 같이 행복한 생활을 영위할 수 있도록 해야 합니다.

우리 모두 다같이 행복하게 삽시다.

감사합니다.

2025년 5월
石英 박길동

목차

시인의 말

제1부
무정한 세월

내 남은 날의 첫날, 오늘	10	가을 하늘	26
1월 1일 첫날	12	가을 사랑	27
봄바람	13	갈바람	28
오월 문을 열다	14	가을은 꽃이다	29
개구리 잠에서 깨다	16	단풍잎과 스마트폰	30
2020 오월은 간다	17	겨울이 손짓한다	31
가는 세월	18	겨울로 가는 길목에서	32
소나비	20	눈이 내리네	33
여름의 끝자락	21	눈 내리는 날 겨울여행	34
태풍과 장맛비	22	11월	36
구월이 오네	24	가는 12월	37
가을이 오는 소리	25	무정한 세월	38

제2부
희망의 등불

희망의 등불	40	겨울 밤	56
봄비가 내리네	42	추억	58
고독	43	안아보고 싶다	59
야정夜情	44	슈퍼 블루문	60
꽃피는 날	46	찔레꽃	62
목동과 소녀	47	칠월에 피는 꽃	64
나를 사랑하는 방법	48	짝에게	65
목련꽃 당신	50	금혼식	66
사랑과 꽃	51	인생은 아름답다	68
이웃 동네	52	남은 인생	70
보고 싶다	53	비오는 날이 좋다	72
고이 피소서	54	파도소리	73
가을 밤	55		

제3부
자유롭게 말좀하고 살자

우한코로나 바이러스	76	태풍 힌남노에게	89
묵언수행	77	태풍 6호 카눈에게	90
마음공부	78	태양에게	92
훼방꾼 코로나	79	호랑나비 한 마리	93
자유롭게 말 좀하고 살자	80	젊은이들에게	94
인내와 아름다움	82	2020 잔인한 팔월	96
그곳으로 가는 길	83	삶속의 아픔	97
말귀를 잘 알아들어야지	84	새 집을 짓다	98
우쭐 대지마	86	영원한 것은 없다	100
주눅 들지 마	87	뿌리 없는 나무	102
한잔 술에	88		

제4부
내 마음속에 그림 그리기

기다림	106
길 위의 명상	107
누구를 위하여	108
마음속에 그림 그리기	109
눈물	110
도전은 아름답다	112
황혼인생의 자유와 행복	114
아버지의 그늘	116
일상의 생각	118
삶을 선택할 수 있는 것은 소중한 권리	119
지옥과 천당	120
오늘이라는 선물	123
행복	124
반딧불이의 숭고한 사랑	126
귀 빠진 날 Happy birthday	128
인연의 소중함	130
고마움을 느낄 때	133
서울랜드마크 롯데월드와 석촌호수	134
행복은 어디에?	136
나무가 사는 법	138

제5부
님의 향기

초심	140	고마움을 느낄 때	163
인성	142	스포츠와 법	164
내 이름은 초개 천안함	145	참 나쁜 사람들	166
3.1 정신을 계승하자	148	날벼락	169
아~ 잊은지 오래다	150	운명	171
하늘이 열린 날	152	버릇과 습관	172
무게(重量)	155	말과 글	174
님의 향기	156	핑계	176
벼 이삭	158	체하는 척하는	178
새로운 꿈 새 희망	160	서설瑞雪	180
보이지 않는 힘	162	나목裸木	182

평설
철학적인 물음, 철학적인 삶, 긍정의 미학 **지은경**(시인·문학박사·문학평론가) 183

제1부

무정한 세월

내 남은 날의 첫날, 오늘

오늘은
내 남은 날의 첫 날
경사스러운 날이다

내가 이 세상에 살아 있음에
내 남은 인생에서 제일 젊은 날
가장 행복한 날이다

어제는 지나갔으니 잊고
내일은 아직 오지 않았으니
걱정하지 말자
오늘은 하고 싶은 일을 하되
할 수 있는 일에 최선을 다 하고
후회를 남기지 말자

먹고 싶은 것이 있으면
주저하지 말고 찾아서 맛있게 먹어라
가고 싶은 곳이 있으면
내일로 미루지 말고
만나고 싶은 사람이 있으면
망설이지 말고 오늘 만나라

즐거운 일을 찾아서 하되
기쁨의 여운이 남도록 열심히 하라

오늘 한 일에는 후회 하지 말며
평안한 마음으로 잠자리에 들어라

후회 한들 되돌릴 수 없으니 삼가하고
오늘의 일상을 자화자찬하라
이 세상에 사는 그날까지 오늘은 반복된다.
오늘은 내 남은 날의 가장 젊은 날
제일 행복한 날이다

인생은
오늘의 행복을 위해서 산다
오늘은 내 생애에 남은 날의 첫 날
행복하라 행복하여라 행복해야 한다

1월 1일 첫날

일 년 삼백육십오 일의 첫날
시작하는 날
출발선상에서 출발하다

시작이 좋아야 끝도 좋고 아름답다
힘차게 출발하자 정상속도로
달려가 종점에 다다르자

도중에 장애물이 있을 수 있다
사전 준비도 철저히 해야 하겠지만
순간 극복능력의 지혜가 필요하고 중요하다

이를 극복하고
무사히 종점에 이르는 날,
십이월 삼십일일 경사스러운 날이다
즐겁고 기쁜 마음으로 반겨 맞이해야겠다

기쁜 날
그날을 위해 열심히 정진하자
시작이 반이다
출발선에서 힘차게 출발하여 간다
인생은 삼백육십오 일의 반복된 삶이다
거기에 희노애락喜怒哀樂이 있다
늘 기쁜 마음으로 감사한 마음으로
하루하루를 보내자

봄바람

따스한
봄바람이 불어오네
처녀가슴이 아닌데도

가슴 설레임은 웬일일까
따스한 봄기운이 스며들기 때문일까
반가운 소식 전해 오려는 걸까

아마도 그렇겠지
꽁꽁 얼어 붙었던 몸과 마음
따뜻한 봄기운에 녹아내리고
기쁜소식 전해 오려는 희망과 기대 일거야

그리하면
설레이는 내 마음도 진정 되겠지
처녀가슴이 아니더라도…

오월 문을 열다

오월의 문턱에서
대문 열고 들어서니
여왕이 궁전 뜨락에 나와
밝은 미소로 반갑게 맞이하네

이른 봄에 태어난 어린자식들
개나리 진달래 철쭉들
곱게 키워 사월 초나 중순에
출가시키고
큰 자식 벚꽃은
우람하고 화려하게 키워
사월 중하순에
수많은 인파 속 축복 받으며
큰 잔치 벌려 혼례 올렸네

오월!
계절의 여왕답게
큰마음 베풀어
산야를 청록빛 바다로 장식粧飾하고
대관식 열어
장미에 이양 하였네

오월은 푸른 하늘
신록의 계절
장미축제

계절의 여왕
그 자체였네
아~ 오월이여 영원하라

개구리 잠에서 깨다
 - 경칩 날에

조용히 내리는 보슬비
봄이 오는 소리에
깜짝 놀라 깨어 보니

뜨락에 펼쳐진 삶의 터전
빗방울에 놀라 얼음판이 갈라져
놀이광장이 되었네

겨우내 앙상했던 버들개지
복실복실 단장하고 나와
새 봄 맞이해 함께 살리라

2020 오월은 간다

붙잡아도 붙잡지 않아도 오월은 간다
수많은 사연을 남기고 떠나간다

60년 전의 5.16 군사 혁명
30년 전의 5.18 항쟁의 슬픈 역사

그런가 하면
오월 1일 근로자의 위로와 휴식을 위한 근로자의 날
오월 5일 우리들의 세상 희망의 어린이 날
오월 8일 부모의 사랑과 자식의 효도를 생각케 하는 어버이 날
오월 15일 세상을 밝게 살아가도록 깨우쳐 주신 스승의 날

오월 18일 철부지 청소년소녀가 성인이 되는 성년의 날
오월 21일 살아온 날들 살아갈 날들 사랑을 재확인하는 부부의 날

가정과 사회생활을 소중히 다짐해 보는 가정의 달 오월
신록의 계절, 계절의 여왕, 장미의 계절, 장미축제의 오월
숱한 사연을 남기고 오월은 떠나간다.
우한코로나19 바이러스도 함께 떠나가라

盛夏의 계절 6월, 보훈의 달 맞이하러 갈테니
다시는 이 땅에 아픈사연 슬픈역사 남기는 기념일은 만들지 말자

가는 세월

"가는 세월
어느 누가 잡을 수 있으랴
오는 세월
그 어느 누가 말릴 수 있으랴"

가고 싶으면 가고
오고 싶으면 오라지
그것이 세월인 것을 어찌
누가 누굴 탓하고 원망 하리오

나고 죽는 것도 자연의 섭리攝理인데
세월은 애시 당초
천지신명天地神明도 오고감을
어찌 할 수 없었으니
가는 세월
미련 없이 흘러흘러 가라 하리오

인생은 주어진 숙명 속에
후회 없는 삶을 살다가
어화 둥둥 내 사랑아
세월 따라 흘러가면 되리오

세월은 가는 것이 아니라
세상에 잠깐 왔다 가는 것이라오

세월은 늘 그 자리에 우뚝 서 있는데
나는 오늘도 가는 길 따라 그곳으로
가고 있네요

소낙비

무더운 여름 날
하나 둘 셋 넷…
조각구름 모여지면
상공의 일면一面을 뒤덮고
뭉게구름 된다지요

뽀오얀 뭉게구름
눈물 글썽글썽
먹구름으로 변할라치면
주먹 같은 눈물방울 흘린다지요

눈물방울은 조그마한
실개천 이루고
시냇물 강물 되어
바다로 모여 든답니다

찰랑대는 시퍼런 여름바다는
우리들의 세상 놀이터래요

여름의 끝자락

오고는 싶어도 가기는 싫어한다
정든 고향 떠나는 것이 싫었는지
가다가 문턱에 걸렸는지

아니면 미련 때문이었을까?
한낮의 삼십 도를 넘나드는 폭염은 떠날 줄 모른다
그래도 염치는 있어서

열대야는 거둬 드리고
아침저녁으로 반갑게 인사를 건넨다
곧 떠날 것이라는 서산노을
남서풍 산들바람이 소식을 전한다

잘 가시오
그간 수고 했수다
목마른 대지에 물을 넉넉히 적셔주고 채워주며
산천초목 농작물 잘 가꾸어 주느라고
다음 해에 반갑게 만나자 약속한다

소슬바람이 오겠다고 손짓하며 인사를 하네요
아~ 벌써 가을인가

태풍과 장맛비

중앙에 머물렀다가 남하했다가
북상을 반복하는 장맛비

남태평양 한가운데에서 형성된 태풍
필리핀을 거처 어디로 가나
중국 광동성을 강타하느냐
일본해협을 따라 오끼나와 내륙으로
진로방향을 정하여
후꾸시마현을 지나 동쪽으로
북태평양으로 가서 소멸하느냐

대한해협을 따라
우리나라 서해안 또는 동해안 향배向背에 따라
폭우와 함께 태풍피해 풍수해를 안겨주네

거북이 등처럼 갈라진 논바닥
일부호수 하류지역을 민망케 하더니
장맛비에 195m 만수위
소양댐을 채우고 넘쳐흘러서
춘천댐 청평댐을 거처 팔당댐에 이르네

팔당댐 담수 정도에 따라 17개의 수문 중
다섯 내지 8개 수문을 열고 방류하면
잠수교에 8-9시간 만에 도달하게 되네

통행을 중지시키고 한강대교 홍수위험수위에
불과 몇 미터를 남겨 놓고 있네
도달했네 하는 뉴스 속보가 분분하다

홍수주의보 경보까지는 아니고
7,8월 9월초까지 2~3차례 태풍이 지나가야
장맛비는 그친다네

자연의 섭리에 따라 인간의 생활과 삶이
우지좌지 변화가 풍요로우냐, 재앙이냐가 결정되네

장맛비 그대여!
적당히 내려 인간에게
풍요로운 삶을 안겨주면 안될까?

구월이 오네

팔월이 며칠간 슬픔의 작별 인사
눈물을 흘리네요

매미 모기도 구월이여 빨리 오라
자취를 감추고
길가의 코스모스 훨훨 예쁜 웃음 지으며
구월이여 어서 오라 반기네

태양도 지구와 거리 간격을 조금 떨어져
햇볕 보일러에 가열을 가볍게 하고
바람도 솔솔 땀방울 식히며 구월을
반기고 있네

황금 들녘 오곡백과 고개 숙인 구월이여
어서 오라 풍년가를 불러 주네요

내일이면 가을의 시작 구월 초하루
구월이 오면 가을이 오네
국화꽃 향기와 함께

구월이여 어서 오라
우리 모두 너를 반겨 맞이하노라

가을이 오는 소리

지루한 장마가 끝나고
더위가 물러갔다

산들바람 불어 와
밤이슬 차갑다

벼 이삭 고개 숙이고
코스모스 하늘하늘 손짓한다

처서處暑 지나니
모기는 입이 삐뚤어지고
매미 울음소리 멈추었다

울밑의 귀뚜라미 노랫소리에
무더위는 떠나가고

소슬바람에
그대가 오는 소리 들린다
그대가 오는 소리 들린다

가을 하늘

저 높고 푸른 하늘에
새털구름 뭉게구름 두둥실 흘러가고

산들바람 따라
내 마음도 임 찾아 흘러가네

비행기 꽁무니 무지개 그림위로
기러기가족 줄지어 북녘고향으로 떠나가게

밤하늘 둥근보름달 환한 미소로 반겨주고
초롱초롱한 별무리 반짝반짝 잔치 펼치네

파란마음 하얀마음 두둥실 구름따라 바람따라
저 멀리 끝없이 끝없이 흘러가네

내 님 계신 그리운 그곳으로
한없이 흘러가네

- 歌曲으로 출시 됨

가을 사랑

가을!
난
너를 사랑해

마음의 양식
가득 채워주고

먹을 식량 곡간
가득 채워주어
너무 행복해

사랑은 행복이고
행복은 사랑이야
사랑해 널~

- 2019년 11월 9일 담양 문학기행에서

갈바람

가을바람은 풍년 바람
오곡백과 알알이 익어
곡간 가득 채우고

가꾸어 온 사랑도 영글어
웨딩마치 울리며
백년가약 맺었네

갈바람에
백년가약 맺은 신혼부부
공허한 마음 달래주고

숲속 길 갈바람 타고
나뭇잎 곱게 수놓아
손님맞이로 바쁘네

가을바람에
자연도 사람도 알차게 익어
풍년으로 보답하네

가을은 꽃이다

가을은 꽃이다

여기 봐도 꽃
저기 봐도 꽃

너도 꽃이고
나도 꽃이네

나뭇잎도 꽃
풀잎도 꽃이며

산야도 꽃이고
호수
바다
초원도 꽃이네

하늘과 땅
천지가 꽃이니

가을은 꽃이다

단풍잎과 스마트폰

책장을 한장 한장 넘기듯
가을을 넘기며
책을 읽고 싶어진다

산들바람에
단풍잎 한잎 두잎 떨어지듯
책장을 한장 한장 넘기고 싶어진다

아니 책장을 한장 한장 넘기듯
가을을 한장 한장 넘기고 싶어진다

올해는 더 많은 가을 페이지를
단풍잎과 더불어 많이
넘길 수 있을 것 같다

수십 권의 책도 가볍게 담아주는
스마트 폰이 있어서

안에서도 밖의 현장을 만들어내니까
아마도 21세기 디지털시대의 은혜인가 봐
AI 인공지능 시대도 도래했으니 말이죠

겨울이 손짓한다

낙엽이 우수수 작별인사
낮 기온이 영하권에 머물러
겨울이 왔다고 손짓하네

대관령엔 영하 9도까지 수은주가
곤두박질하였다는 소식 들려오고
설악산 대청봉엔 첫 눈이 내리어
북풍 된바람 몰아친다네

가벼운 옷차림 훨훨 던져버리고
두툼한 오리털 방한 코트로 갈아입었네

행인의 발걸음은 종종 빨라지고
전철 안 시원한 에어콘 바람은 어느새
훈풍으로 바뀌어 포근하네

정녕 가을은 저 멀리 떠나가고
겨울의 자리바꿈이 실감나네

모레는 첫 눈이 내린다는 절기 소설小雪
썰매 스키가 기다려지네
정녕 겨울은 우리 곁에 다가왔네요

겨울로 가는 길목에서

가을이 이별하기가 힘든 것 같다

추분이 지나면
우뢰와 천둥이 자취를 감춘다는 속설을 뒤로하고
천둥번개 내려치며 찬비가 내린다
이별의 슬픈 눈물인가

첫 눈이 내린다는 소설 다음 날
함박눈이 내렸다

발걸음 멈추고
하얀 옷으로 갈아입은 초목들과
대화 나눈다

가을은 떠나가기 싫어하고
겨울은 빨리 오라고 손짓한다

눈이 내리네

눈이 내리네
하얀 눈이 내리네

산과 들, 온 세상에
내 가슴속에도 내리네

하얀 눈 맞으며
정처 없이 길을 걸었네

더렵혀진 대지는 하얗게
내 마음도 하얗게
깨끗해서 좋았네

깨끗한 순백의 하얀 세상
하늘도 새 세상을 소망하네

눈 내리는 날 겨울여행

눈 내리는 날
나는 멀고도 긴 여행을 한다

계룡산 한 자락 자리 잡은 그리운 내 고향 양화리 능산
이른 아침과 해질 저녁이면 집집마다 아담한 초가지붕
모락모락 올라오는 굴뚝 연기가 맛있는 이(쌀)밥을 짓고
빨갛게 잘 익은 김치 한 가닥 밥 수저 위에 올려놓고 먹는 꿀 맛
은백의 융단으로 덮어버린 대지와 초가지붕
장독대에 한 궤櫃가 더 쌓여 장관 이루고
눈雪 가운데 제일 깨끗하다고 여긴 장독위에 쌓인 눈雪
한 움큼 집어 먹고 꿀맛이라 여기던 어린시절 그리운 내 고향
동네 친구들 모여 뛰놀던 장자터 놀이마당에는
두툼한 방한복에 모자 쓰고 허름한 벙어리장갑 끼고 나와
썰매 메고 예닐곱 명의 친구들이 모였네
"가자! 썰매 장으로"
늦가을에 겨울 썰매 타기 위해 가두어 놓았던 논바닥 물이
영하의 강추위에 꽁꽁 얼어붙은 빙판
태릉 실내체육관 빙상 경기장보다 더 훌륭한 얼음판
덮힌 눈을 쓸어 내고
서울, 대전, 대구, 부산, 광주 등의 지명을 표시해 놓고
열을 지어 한 바퀴 두 바퀴 돌다 보면 어느새 추위는 달아나고
이마에 땀방울이 송글송글 맺혀 있네
잠깐 모닥불 쪼이며 쫑긋 앞산 뒷산을 바라보니
잔솔밭 나뭇가지 위 쌓인 눈 무거운 짐 지고
축 늘어져 있는 풍경이 한 폭의 동양화를 보는 것 같다

누구라 할 것 없이 야~아!
우리 토끼몰이 가자 이구동성으로 외친다
한 순배巡杯 타던 썰매를 접고 각자 지개작대기 몽둥이 들고 나와
앞산에서 위로 더듬어 올라가며 함성을 지르고 토끼몰이를 한다
운이 좋으면 한 마리 토끼를 생포할 수도 있지만
대부분 허탕치기 일쑤다
그러나 그 재미는 어느 놀이에 비교할 수 있으랴

눈 내리는 날이면
나는 멀고 먼 육십여 년 전 긴 겨울 여행을 한다
즐겁고 그리운 행복한 겨울여행이다

11월

기찻길 철로는 나란히 평행선이네
다정한 형제이면서 영원히 만날 수 없는 11월
가을과 겨울이 교차하는 계절의 친구

11월!
너는 어찌하여 기찻길 철로와 닮은
운명이 똑같단 말이냐
4형제가 함께 동행하면서도 만날 수 없는
11월 11일은 빼빼로데이, 가래떡의 날

숙명일까? 운명일까?
일생동안 영원히 손 한번 잡아보지도
만날 수도 없는 기찻길 철로와 같이 11월
태초부터 타고난 운명이라 할 것 같네
만날 수는 없어도 손목을 잡지는 못하여도
형제의 정情 듬뿍 나누고 영원히 간직하며
산야를 칠색 단풍으로 물들여 수놓는
낭만의 계절 11월

꽃비 휘날리며 떨어지는 낙엽
다음을 기약하고 아쉬운 이별하며
가을이여 안녕!

가는 12월

간다는 말엔
다시 돌아오마가 포함된 말이지만
어딘지 모르게 섭섭하고
쓸쓸함이 가슴속으로 스며드네

사람이 가든 계절이 세월 따라 가든
한 철 독야청청獨也靑靑 세상을 풍미豊美했던 산천초목들
침엽수를 제외하고 실오라기 하나도 걸치지 않고
발가벗은 채로 가고 있네

기왕이면 터럭 먼지 하나 남김없이
미련두지 말고 풍진세상風塵世上
깨끗이 거두어 가시옵소서

머물렀던 자리 깨끗해야 뒷맛이 개운하듯이
앞모습도 중요하지만 뒷모습이 아름다워야
진정 아름다운 모습이라 하겠지요

내년 일월을 기쁜 마음으로 반기며
맞이할 수 있독록 끝마무리 잘 하고
안녕히 가시옵소서!
Goodbye 12월이여!

무정한 세월

속절없이 늙어가는 청춘
말없이 흘러가는 세월

그리운 임과 이별하고
천릿길 떠나는 이내 몸

그립던 추억을
꿈속에서 그리며

이젠
그 모습 다시는
찾을 수 없는 아득한

추억의 꿈이여
내 전설의 푸른 시간들이여

제2부
희망의 등불

희망의 등불
 - 아내의 병환을 지켜보며

우리의 보금자리에 등불을 밝힌 지
벌써 오십년을 지나 육십여 년에 이른다

그 많은 세월동안
희노애락 교차하는 스크린
모진 비바람에도 크게 흔들림 없이
꿋꿋하게 등불로 밝혀온 아내

기름이 쇠잔衰殘한 것인지
불꽃 심지가 다 타들어 가는 것인지
깜빡거리기 시작한다

오십여 년 간 사랑하는 이를 위해
천하를 훨훨 활활 밝게 비춰 주었던 등불
반세기 넘어서면서 한계에 이르렀는가
불빛이 점점 약해져 희미해지고
오래지 않아 꺼질 것만 같은 예감에
조마조마한 마음은 안타깝게 지킨다

다 타들어가는 불꽃 심지 갈아 끼우고
기름을 보충해서 희망의 등불로 승화昇華시켜
이 세상 끝나는 날까지 동행자로
주어진 생生 함께하기를 빌며 소망한다

인생은 어차피 피안彼岸으로 가는 길

세월이 가는 게 아니라
세월은 늘 그 자리에서 버티고 서 있는데
인생이 주어진 본연의 숙명에 따라
그 길을 거침없이 가는 것이다

그 길의 끝은 언제 다다를지 모르지만
그날까지 사랑하는 아내와 함께
희미한 등불일지언정 잘 보살피어
희망의 등불로 밝히며 함께 가기를 소원한다

- 2021년 6월 19일 새벽에
* 아내를 지켜보며

봄비가 내리네

사월 중순
따뜻한 봄날
봄비가 내리네

겨우내 더럽혀 찌든 때
보기가 역겨웠는가
때 구정물 씻으려고 비가 내리네

구석구석 흉물로 찌든 때
남김없이 모두 다
깨끗이 씻어주면 좋겠네

새로운 마음 새로운 기운
밝고 맑은 새 정신으로 틔운 새싹처럼
새롭게 시작할 수 있도록

낙화해 더러워진
여의도 앞마당도 씻겨주는 빗물
착한 봄비여!

고독
- 1963년 일기장

촛불도 외로이
머리맡에 서러움만 자욱이
누구의 눈물인지 모를
남몰래 흐르는 눈물

떠나가면 만나리오
캄캄한 어려운 이 밤아
부디
지평선 저쪽으로 물러가라

아무도 찾아오지 않는 밤
누구 한사람 나와 함께
울어주는 이 없는 여기

나는 너를 벗어나
황량한 들판을 마구 줄달음쳐 간다

야정夜情
- 청소년 시절 산사에서

별이 흐르고
산골짜기 시냇물도 흐르는
고요한 밤
나는 왜
무엇 때문에 홀로
적막한 山寺의 방을 지키고 있나
대웅전 앞 가로등 고요 속에
오늘 밤도 변함없이 세상은 불 밝은데
책상머리에 호롱불 조용히 숨을 내쉬며
깜박거리고 있네

중천中天에 떠서 내 모습을 살피던 반달은
어느새 서산에 기울어
창살 너머로 작별 인사를 건네네
벽에 걸린 괘종시계 땡 땡 적막을 가르는 소리
새벽 두시를 알리고
나는 무엇을 위해
누구를 위해
고민하고 번민하다 지친 마음인가
하염없이 생각에 잠겨
등잔불만 물끄러미 바라보고 있을 때
가냘피 들려오는 소리 꼬끼오 꼭
새벽 닭 울음소리에 그만 놀라
번민과 미련을 빼앗기며 날려버렸네
새벽 닭 울음소리는 귀신도 줄행랑친다더니

떠나간 미련은 다시 오지 않아
천만다행이라고 하여야 할까
외로운 이 밤
깜박 깜박 흐르는 호롱불만 멍하니
바라보다가 밤을 지새웠네
호젓한 방안에는 고독의 여운만이
나의 길을 묻고 있네

꽃피는 날
 - 신랑 신주승君과 신부 이수아孃의 결혼을 축하 하며

오늘은 꽃 피는 날
삼십여 년을 가꾸며 기다려 왔다

튼실하고 성숙하게 자라
오늘에 이르러 비로소 꽃을 피운다

그 꽃
참 아름답고 향기롭구나
그 향기 향내음 萬里를 가리니
천 년 만 년을 지나 영원하리라

알찬 열매로 보답하기를 소망한다
인생은 아름답고 사랑이며 축복이다

꽃을 피운 오늘
신랑 신주승 君과 신부 이수아 孃
그대들이여!

부디 행복하라
행복하여라
행복해야 한다.

목동과 소녀
- 1963년 8월 2일 일기장에서

달 밝은 밤 고요한 별빛
목동은 평화의 눈을 감고

미소 짓는 그의 얼굴 바라보며
밤새껏 지켜주는 소녀의 정성

침묵은
사랑을 더욱 두텁게 하고

고요히 비추는 달빛은
추억의 먼~옛날을 남긴다

나를 사랑하는 방법*

나 자신이 심심하지 않도록
취미를 만들어 주고

친구를 사귀어
외롭지 않게 해주고

가끔 멋진 식당에서 식사하며
나 자신에게 선물을 주고

많은 사람과 어울릴 수 있게
책을 읽어 해박한 지식을 쌓고

아침마다 거울을 향해
"파이팅"을 외치며
하루를 활기차게 만들어 주고

신발만은 좋은 걸 신어
좋은 곳에 데려다주게 하고

미래에
나 자신이 위험하지 않게
저축으로 대비하고

건강을 유지하도록
하루 30분씩 꼭 산책을 하고

부모님께 잘 해서
이다음에 후회하지 않도록 하고

예쁜 꽃들을
주위에 꽂아두고
향기를 맡을 수 있게 해 주고

넘어졌을 때
다시 일어날 수 있도록
나를 훈련시켜주고

너무 많은 것을
속에 담아 두지 않게
가끔은 펑펑 울어 주고

누군가에게
섭섭한 일이 있어도
용서해 줌으로써

내 마음을
포근하게 해줘야 한다.

* 좋은 글에서 인용 편집 함.

목련꽃 당신

향기에 취해 무심코 그린 꽃 한 송이
곱게 핀 하얀 목련화 방긋 웃으며
귓가에 속삭이는 말

사랑합니다

어쩌면 그렇게 곱게 피어나
내 곁에 다가와 있을까 꿈만 같아요

무심코 그린 꽃 한 송이
곱게 핀 하얀 목련화 당신의 얼굴

무심코 그린 꽃 한 송이
당신 곁의 내 얼굴

하얗게 핀 꽃 한 송이 간절히 보고 싶은
당신의 얼굴이었어요

* 가곡으로 출시

사랑과 꽃

사랑은 역시
편안함과 평온함을
기쁨과 그리움을 안겨주는가 봐요

사랑의 기쁨 노래를 들으니
마음이 평온해지면서
그리움이 가득 밀려오네요

꽃은 아름다움으로
기쁨을 선사해 주고
향기로움으로 코끝을 즐겁게 하여
춤을 추게 하네요

마음에서 마음으로
희망이 피어나도록

사랑하는 사람에게
꽃을 선물하고 싶어요

나의 이 마음이 사랑으로
모든 분들과 꽃들에게
희망으로 전해졌으면 좋겠네요

이웃 동네
- 열여덟 살 순정 중에서

이 동네에는 차돌이 살고
고개 너머 저 동네에
정아가 살고 있네

차돌이 정아 생각에 고개를 넘어
한걸음 두 걸음 내디딘 발걸음
저 동네 언덕 위에 섰네

우물가 이리저리 살펴보지만
정아 모습 보이지 않네
무슨 사정 있길래~

되돌아오는 길 허전한 발걸음
허탈하고 힘이 빠져
아쉬움만 가득히 남아 있네

보고 싶다
– 제75주년 광복절에

보고 싶다 이따금
사랑하기 때문에
좋아하기 때문에

보고 싶은 마음뿐 정해진 시간은 없다
한가로운 시간에는 더욱더 그립고 보고 싶다

내가 숨 쉬며 살아 있고 아직 희망이 있어서
꿈을 꾸고 있다는 사실에 놀랍고 자랑스럽다

오늘은 비가 주룩주룩 내린다
유리창을 톡톡톡 두드리며 노크한다

한가롭고 비오는 날엔
더욱 더 보고 싶고 그립다

만날 수 없는 그대
그 함성 잊을 수 없는

고이 피소서
- 1963년 일기장에서

형산에 옥인돌 깨어졌으니
무슨 소용 있으랴마는

두견새子規 토한 피
붉게 물들인 진달래꽃처럼

시냇물 고요히 흐르는 산골짜기
바위언덕 위에서

아침안개 잠든 듯이
고이 피소서

그때
나 수건 동여맨 목동 되어

너를 찾아가리
너를 찾아가리

가을 밤

소슬바람에
가랑잎 뒹구는 소리

밤이 깊어가고
달빛은 하얗다

그리운 고향
그리운 사람

그리운 옛 추억이
흘러간다

잃어버린 반쪽사랑
다시 만나 하나 되자

겨울 밤

찬바람이 문풍지 틈을 비집고 들어와
방안을 휘돌아 아랫목을 차지하고
하현달이 문지방 넘어 비추이는
동지섣달 긴긴 밤에

희미한 호롱불 밑에서 아버지는
명월 강명화 효녀 심청전 소설을 더듬으시고
어머니는 맞은편에 앉아 한 땀 한 땀
아들의 설빔 바느질을 하신다

나는 건너편 사랑방에서 소년의 꿈을
불태우던 청소년시절이 엊그제 같은데
문명의 빛은 고속으로 달려와 그 옛 정취는
간 곳 없어 찾을 길이 없다

휘황찬란한 형광등 불빛아래 포근한 소파에
앉거나 누워서 칠십 인치가 넘는 대형 텔레비전에서
뿜어져 나오는 온갖 희노애락의 순간들을 맛보며
웃다가 울다가 침묵하고 쎈치해지는 문명 혜택 속에
한없는 쾌락의 인생을 맛보며 보낸다

하지만 오육십 년 전 흘러간 옛 정이 더
그리워짐은 웬일일까
옛날은 가고 추억은 남는다라는 유행가
가사처럼 흥겹기도 슬프기도 한 삶이

나만은 아닐진대 이것이 인생인가보다

나이는 속일 수 없다는 옛 어른들 하신 말씀 실감난다
봄여름 가을 지나 한 겨울속 삶이다 보니
그런 것일까
세월은 무정하게 흘러가지만 인생은
유정하게 흘러 흘러서 저편으로 가고 있다

동지섣달 긴긴 밤 따뜻한 아랫목 구들장 등에 업고
두툼한 솜이불 속에서 흘러간 옛 노래 부르며
꿈속에서 나래를 펴 봅니다.

아~ 그리운 그 옛날 겨울 밤이여 !

추억
― 1959년 신원사 공부방을 소환하다

나와 그대 멀리 떨어져 있지만
그 모습 그 얼굴 그 이름은
영원히 내 가슴속에 있네

허무한 것이 인생이런가
덧없이 흘러가는 세월에
잊으려 해도 잊혀지지 않는
신비神秘를 그대는 아는가 모르는가

이내마음 울려주는 침묵이여
사랑은 가도 추억은 남듯이
그대는 갔어도 사랑은 남아있네

덧없이 흘러간 세월
그대여
많이 원망하소서
말이 없는 그대여
영원히 모르는 척 하소서

나는
추억만을 간직하려 하오
그대여
다시 만날 때까지 안녕

안아보고 싶다
― 광복절 제 79주년에

오늘은 왠지
그대를 꼭 안아보고 싶다

그 기분이 어떠할까?
따뜻하고 포근한 어머니 품속?

포근한 어머니 품안처럼
그대 가슴에 얼굴을 묻고도 싶다

그대 체취와 향기에 호흡하며
꽉 안아보고 싶다

아~ 사랑은 이런 것인가
감응感應하는 조국

뜨거운 그대 가슴에 얼굴을 묻고
내 가슴이 뜨거워지도록
정열의 순간을 갖고 싶다

사랑은 아름답고 향기로운 것
8월의 그 기억들
환희의 꽃다발 안아보는

슈퍼 블루문

오늘 밤 예보된
슈퍼 블루문*이 뜨는 날
달맞이 나갔다

동네 주민들이 이곳저곳에 모여들어
달맞이에 환호하며 아우성이다

달 밝은 밤 supermoon 그 너머에
추억이 자리잡고 있네요

달 밝은 밤 슈퍼 블루문 저 넘어에
그리움 사랑 보고픔이 함께하고 있어요

달 밝은 밤 super bluemoon 그 너머엔
웃음 기쁨 괴로움 슬픔 즐거움
눈물도 같이 있네요

달 밝은 밤 오늘
내가 서 있는 여기에
추억 사랑 그리움이 함께 자리하고 있어요

둥근 보름달 super bluemoon을 바라보며
희노애락喜奴哀樂의 추억을 노래합니다

오늘은 2023년 9월 1일 음력 칠월 십육일

슈퍼 블루문 데이super bluemoon day
아~ 아름다운 밤입니다

* Super bluemoon 이란?
  슈퍼문은 특별히 보름달이 밝아 보일 때를 의미하며 보름달이 연속으로 2일간 뜰 때를 블루문이라 하고 이틀째 뜨는 달을 슈퍼 블루문이라 칭함.

찔레꽃

내 고향 산과 들에
찔레꽃 곱게 피어
날 오라 부르네

초등학교 하굣길
청보리 이삭 익어가는 오월
보리밭 이랑에선 푸드득 꿩이 울고
종달새 하늘높이 지지배배 노래 부르네

산과 들 시냇가에
곱게 핀 하얀 찔레꽃
그 향기 천리까지 내뿜어
벌 나비 불러 모으고
하굣길 우리에게 손짓하며 오라하네

다가가 코끝으로 인사 나누고
고운향내 들이마시며
우뚝 솟은 찔레 순 몇 개 꺾어
껍데기 요리 조리 벗겨
입에 넣고 씹으면 뱃속에
꼬르륵 천둥소리 잠재우고
허기 채워 주던 너, 찔레

찔레꽃으로
하얗게 수繡 놓은 산야山野

그리운 내 고향
하굣길 옛 친구들과 찔레꽃
보고 싶고 그립구나

칠월에 피는 꽃

올 해도 어김없이
칠월 삼복더위에
찾아온 손님
울밑에 봉선화 채송화

이른 아침에 방긋 굿 모닝good morning
해 저문 저녁노을엔 안녕 goodbye
반갑게 인사 하네

언제나 한결같이
반겨주는 너의 자태
천사 같구나

폭염을 벗 삼아 곱게 피어나
오가는 사람, 마다하지 않고
웃음으로 반겨주는 너의 모습
천사라 부르고 싶다

짝에게

네가 내
짝이 되어
고맙다

그리고
사랑한다

영원히
변치 말자

그곳으로 가는
그날까지

아프지 말고
상처 없이

함께
동행하는 거다

영원히 영원히
같이 가는 거야 그날까지

금혼식
- 결혼 50주년 되는 날에

주례 선생님도 없이
신부는 웨딩드레스도 입지 않고
예식장이 아닌 뷔페식당 동백홀에서
금혼식을 했다

하객으로는 아들 딸 며느리 사위 손주들과
사돈네 가족들이 참석하여
따뜻하게 축하해 주었다
다섯 살 먹은 어린 손자가 다가와
'할아버지 할머니 축하해요' 라는 축하인사가
가슴과 뇌리에 기쁨으로 남아
오랫동안 잊지 못할 것 같다

글라스에 레드와인 한잔씩 따르고
신랑의 건배사
"아름다운 마무리를 위하여"
축배를 들고 피로연을 가졌다

세계적인 요리 250여 가지 진수성찬이 차려져
입맛을 돋우어 맛있는 점심식사로 잔치를 마무리했다

혼례를 끝내면 신랑신부는 여행을 떠나는데
이를 미루고 생략한 채 집으로 돌아왔다
신혼과 금혼의 차이인가
응당 신방을 꾸미고 첫날밤을 함께 지내야 하는데

각각 다른 방에서 지난 50년 세월을 뒤돌아보며
금혼식 첫날밤을 보냈다

뜨겁고 미지근하고 냉냉함을 뒤섞어가며
긴 세월을 부부로 살아온 날들
감사하고 고맙다 영광스럽다
금혼식은 그렇게 끝을 맺었다

남아 있는 여생, 건강하게 살다가
오복五福 중 마지막 복으로 여기는 고종명考終命으로
행복한 삶, 마감하기를 빈다

인생은 아름답다

인간이 아름다운 것은
이 세상에
만물의 영장으로 태어나
오늘도 이곳저곳을 마음대로
훨훨 날아다닐 수 있음이
그 으뜸이다

광활한 우주공간을 한 눈으로 바라보며
만물에 이름 지어주며
무엇이든 할 수 있는 전지전능한 능력을
가지고 있음은 인간만이 가질 수 있는
자랑이며 아름다움이다

말과 글로서
생각을 소통하고 표현할 수 있는
언어와 문자는 만물 중 유일한 존재로서
이 세상 무엇과도 바꿀 수 없는 최고의 가치
고귀한 아름다움이다

감정을 갖고 있으되 자제할 수 있으며
제멋대로 표현하거나 행동하지 않고
절제와 자숙할 수 있는 지혜로움은
인간만이 가진 고유의 멋진 아름다움이다

인간의 삶은

'희로애락喜怒哀樂의 순환'
그 순환열차를 타고
이 세상 어디든지 오고 가며
여행을 즐길 수 있는 것은
인간만이 가질 수 있는 특혜로서 아름다움이다

봄여름 가을겨울 사시사철의 아름다운 전경全景들과
계절의 풍류를 즐기고 인생의 참맛을 느끼며
상황에 대처 할 수 있는 여유와 능력을 가지고 있다

인생으로서 즐거움을 만끽할 수 있는 것은
인간만이 가질 수 있는 최고의 권리요
행복이며 아름다움이다

오늘도 변함없이 사랑하고 좋아하고 즐거워하며
기쁜 마음으로 일하고, 가고 싶은 곳에 가며
만나고 싶은 사람 만나 대화하며 즐기고
먹고 싶은 거 먹으며 편안한 마음으로
건강하게 생활할 수 있는 인간은 얼마나 아름다운가

이 세상에 인간으로 태어나 왔다가
인간으로 되돌아가는 인생 참으로 아름답다

인생은 기쁘고 슬프면서도 즐겁고
고통스러우면서도 꿈과 희망으로
오늘을 사는 우리 인생 아름답지 않은가?

남은 인생

남은 인생
물 맹크로*
바람 맹크로
구름 맹크로

자유롭고
즐겁게
세월아
네월아 하며

마음 내키는 대로
오늘도 내일도
그럭저럭
즐기며
살다가

때가 되면
먼지 맹크로
훨훨 날아서
평안한 쉼터로
가려네

행복이
별거겠수
내 마음이

행복이지라

* 호남 방언으로 "~처럼"의 뜻이다

비오는 날이 좋다

비 오는 날은
메마른 대지 적셔 주어 좋고
타들어가는 마음 촉촉해 좋고
농작물 초목에 생기 불어넣어 좋다

비 오는 날이면
더러워진 세상 깨끗이 씻겨주어 좋고
기쁘고 슬픈 눈물 마음 놓고
흘릴 수 있어 좋다

비 오는 날이면
생각나는 그리운 사람 생각할 수 있어 좋고
아픈 마음 달래며 씻을 수 있어 좋다

비 오는 날이면
아련한 추억 되새기며
즐거운 마음 갖게 하여 좋다

목마른 단비 내린 만큼
기쁘고 좋은 일 있었으면
행복해질 것 같네요

파도소리
- 2023년 6월 28일 오이도 여름해변시인학교에서

태초에 우주가 숨 내쉬는 소리
잔잔한 바다위에 물결 이는 소리

바다가
하늘을 가슴에 안고
숨 내쉬는 소리

숨 내쉬는 소리는
고저高低에 따라
파도소리 높고 낮네

인생의 파도소리는
잔잔한 바다물결 이는 소리와 닮은

제3부
자유롭게 말 좀하고 살자

우한코로나 바이러스

우) 우매한 정부관료들이여 !
　코로나 바이러스 감염 예방조치를 조기에 하지 못하여 천추에
한) 한을 남기지 않도록 이제라도 발원지 주민 중국인을 입국금지하고
　확진방지 및 방역조치에 전력하여야 하겠네
코 (콧)) 코(콧)구멍으로 제대로 숨이라도 쉴 수 있도록 국가의 역량을
　총집중하여 확진을 차단해야겠네
로) 노력努力조차도 해보지도 않고 횡설수설로 일관, 하루 2~3만 명
　입국하던 중국인이 일천여명으로 감소하여 출입금지가 별 효과가
　없다는 궤변 삼가고
나) 나라와 국민의 안위와 건강 보호 관리에 통치자로서 조치를 못하고
　올바른 건의 眞言도 하지 못하는 참모 관료들, 책무와 책임을 다하는
　것이 도리임을 명심하여야겠네
바) 바라노니 三正道(正見 正念 正行)를 실천하여 헌법에 명시된 책무를
　이행하여 국민이 안심하고 생활할 수 있도록 총력을 다하여
　수습하여야하겠네
이) 이시대의 영도자라면 영웅은 되지 못 할망정 국민의 원성은 듣지
　않도록 모든 수단과 방법을 강구하여 국민의 건강을 보전해야 하겠네
러) 러울러울 두둥실 춤을 추게 하지는 못하더라도 안도의 숨을 쉬고
　생활하며 노래라도 부를 수 있는 환경을 조성하여야겠네
스) "스스로 돕는 자는 하늘이 돕는다"라는 진리를 가슴에 새기고
　행동으로 실천하여 통치자로, 관료로서 뿐만 아니라 국민의 한
　사람으로서 사명을 다하여야겠네

- 2020년 2월 29일 국민의 한 사람으로서 통치자와 정부 관료들에게 진언하고 요망함.

묵언수행

코로나19 바이러스로 인해
마스크를 쓴 뒤로
할 말은 많지만
말이 줄어들었네

마스크를 벗는 날이 와도
꼭 필요한 말 외에는
정제精製된 말만 하는
생활을 하려하네

외출을 한다 해도
이롭지 않은 밀집密集된 장소는
피할 것이며

사람들과 불필요한 말과
밀접密接한 접촉은 가급적
삼가하려 하네

청정淸淨한 마음가짐으로
일상생활을 유지할 것이며

침묵沈默은 금金이라고 하듯
묵언수행默言修行 하려 하네

마음공부

무명저고리 속 옷고름 흔들리는 것도
보이지 않는 바람 탓일 게다
사람 사는 세상 아무리 고요한들 소리가 없겠는가?

견물생심見物生心이라
보이지 않으면 찾는 것도 덜할 것이나
눈 감고 살 수 없는 노릇이니 그 또한 어쩌겠는가?

순한 바람도 거칠어지면 풀잎을 쓰러뜨리고
아무리 잔잔한 물결도 거칠어지면 배를 뒤집는다

사람의 성품은 온화하고 착하지만
환경에 치우치면 변하기 쉽고
중심이 무너지면 유혹당하기 하루아침이다

마음공부란
자기를 지혜롭게 다스리는 공부며
욱하는 성질과 화냄을 참고 인내하는 공부이다

미워하지 않고 거짓하지 않는 것도 공부다
욕심 때문에 상관없는 것을 쌓아두는 것도
나를 무겁게 하는 것이니 버려라
풀잎은 새벽이슬에도 무게를 느낀다

훼방꾼 코로나

친구!
코로나19가 야속하네요
못된 것 같으니 가는 길, 오는 길 막고
막걸리 한 잔 마시는 것도 질투하여 훼방하네

가까운 거리도 멀리하고 가까운 사이도
야속하게 거리를 띄워 놓네 그려
어떤 이는 이를 이용하여 권좌를 지키려고나 하고
하루 빨리 퇴치할 생각은 관심도 없다네

친구!
언제쯤이나 마주앉아 쇠주 한 잔 하려나
기다려지네 그려

천하에 못된 것 같으니
코로나19, 이놈!
이리 방해 하다가
기어코 천벌을 받으리라
암, 그렇구 말구~

친구!
보고 싶네 그려
건강 잘 살피시기 바라오.

자유롭게 말 좀하고 살자

아, 그런 일이 있었군요
아, 그런 말이 있었네요
도란도란 이야기꽃에 동참하고 싶었지만
아차!
마스크를 깜박했네요

아, 할 말이 있었는데
할 말이 많이 있었는데
살아가는 얘기
마스크 쓰고 생활하다보니
할 말이 없어지거나 줄어들었네

마스크를 벗고 말하면 안 된다니
마스크 쓰고 말하면 음정이 부정확해
말을 잘 알아들을 수가 없네

공공장소 아니 사석에서도 마스크 벗고 말하면
안된다고 경종을 울리네
침이 튀길까 봐
그놈의 코로나 때문에

언제까지
반벙어리 장애인으로 살아야 할지
마스크 벗고 다니거나
음식점 카페 노래방 등

출입 시 위반하면
과징금 십만 원이라나

언제부터 세상살이가 이렇게 힘들어
제 입 가지고 제 마음대로
마스크도 벗지 못하고
말도 마음대로 할 수 없는 세상
너무 힘들어

말을 너무 많이 해
천방지축이라서
하늘이 벌을 내린 것일까
반성할 수 있는 기회 충분히 주었으니
이제는 풀어줘
자유롭게 좀 말하고 살게요

인내와 아름다움

'아름다움'에 대해 생각해 본다
계절과 상황에 따라 천차만별이지만

보세요
생활 속 코로나19 바이러스 감염 확산에
연말연시 모임을 자제하고
가족단위로 가정에서 지난 한 해를 뒤돌아보며 반성하고
새로 맞이하는 한 해의 희망을 설계하는 시간을 가져요

부득이 외출할 시에는
마스크 착용 밀집密集 밀접密接 밀폐密閉된 장소 피하기 거리두기
장소별 기본수칙 준수하고 양보와 배려하는 마음 갖기

손을 수시로 씻고 환기와 소독을 생활화하며
코로나19 바이러스 극복하는 길
우리들 모두의 인내하는 마음과 모습
그게 아름다움이라고 생각합니다

그곳으로 가는 길
– 친구의 마지막 가는 길을 보면서

사람이라면
누구나 어김없이
그곳으로 가는 길

먼저가고 좀 늦게 가기도 하지만
빨리 가는 사람도 간혹 있습니다

가기 싫다하여 마음대로
가지 않는 길이 아님을
원망할 수도 없는 길입니다

인간 수명 백년시대라고 하지만
사람에 따라 천차만별
애시당초 타고난 수명대로
천수를 다하고 그곳으로 가는 길이라면
마지막 다다른 곳 안식처에
안락하게 가면 복입니다

원망도 아쉬움도 남김없이
모두 거두어 함께 가져가면 되리니
그대 천당과 극락으로 갔을지니
안락한 쉼에 명복을 빌어주자
평안히 안녕히 가시옵소서!

말귀를 잘 알아들어야지

우리는 가끔 흔히
자네는 내 말귀를 잘 알아듣지 못하나
하는 멸시와 무시를 당하거나
면박을 주는 경우가 있거나 듣는다
말하는 사람의 인격, 품위일 수 있고
이는 갑질문화에서 비롯된 말투일 수도 있다

우리는 흔히 말하기를
아 다르고 어 다르다고 말한다.
너와 내가, 나와 네가 같을 수 없고
어제와 오늘 내일이 같을 수 없듯이
아침과 저녁 낮과 밤이 각각 다르다

그러나
아내, 처, 마누라, 집사람, 우리 애 엄마
국제적 언어인 와이프wife는
어휘는 다르지만 뜻은 같이 통용된다
말은 그 사람의 품위와 인격을 대변한다

사람의 고유한 향기는
말言語에서 나온다
품격 있는 말은 오해 없이
편견 없이 듣고 바라볼 수 있게 하는
상대방에 대한 예의다
건강을 위해 몸을 단련시키듯

말 또한 부단히 연마해야 하는
이유이기도 하다

우리속담에
'말 한마디에 천량 빚을 갚는다'
라는 말이 있다
이는 말의 중요성을 아무리 강조해도
부족함이 없다는 의미일 것이다

말 한마디에 품위와 인격을 헐값으로 매도하지 말고
품격 있게 말을 주고받아 인격을 지켜야 하겠다

우쭐 대지마

뭐 조금 안다고
우쭐대지 마
그것은
전문분야 일뿐이야
누구나
전문분야는
그 정도의 수준은 되거든
겸손은 미덕이야
보기도 좋고
아름다운 마음과 행동이지
나도 그런 적 있어
그러나 나에게 돌아오는 것은
이익될 게 없어 손해야
조금알고 아는 체 하는 것
아예 모르는 것만
못한 일인지 몰라
나를 위해 자칫
상처를 입을 수도 있거든
예방과 치료는 조금 안다고
우쭐대지 않는 거야

주눅 들지 마

잘못도
죄 지은 것도 없는데
주눅 들지 마

아는 것 조금 모른다고
가진 것 조금 없다 하여
주눅 들지 마

누구나 기회는 있어
열심히 노력하면 알게 되고
모자라는 것은 채우면 되거든

한잔 술에

한잔 술에
희로애락이 담겨져 있네

기쁠 때도 한잔
노여울 때도 한잔
슬플 때도 한잔
즐거울 때도 한잔

삶이 한잔 술에
인생이 한잔 술에
담겨져 있네

어화둥둥 내 사랑아
얼씨구 절씨구 좋다
지화자 좋다
술 한 잔 들어 마시세

한잔 술에
희로애락 떠나보내고
한잔 술에
인생살이 흘러 흘러 보내세

태풍 힌남노에게

네 이름 좋은 이름도 아니니
이름 남기려 하지 말고
한반도 금수강산에
티끌만큼도 상처주지 말고
조용히 지나가거라
그리하면 대한민국 국민이 너를
고맙게 기억하리라
인간은 자연과 더불어 유유상종하면서
자연의 혜택을 받으며 살아가지만
무엇에 마음이 삐뚤어져 격노激怒 했느냐
분노憤怒를 가라앉히고 점잖게 조용히
조금만 분풀이 하듯 나무라고 지나갈 것 같으면
그에 상응한 덕을 너는 받으리니 제발
인간에게 실오라기만큼도 피해를
입히지 말고 이름만 남겨
기억만 할 수 있게 해다오
힌남노여! 알겠는가?
우리 좋은 감정
좋은 사이로 기분 좋게 이별하자
굿바이 잘 가거라

태풍 6호 카눈에게

하늘이 노怒한 것일까
바다가 화火난 것일까
바람이 대로大怒 하였네

저 멀리 태평양 푸른 바다와 함께
합작하여 큰 바람 일으키고
하늘을 꾀여 구름 만들어
큰 바람, 큰 비를 만들었구나

태평양 바다에 다 쏟아 부어도 될 텐데
굳이 일본열도를 거쳐 한반도에까지
큰 바람 일으키고 큰 비를 내려야 할까

무슨 이유였던지간에 시작했으니
끝맺음은 해야 할 것이 아닌가

카눈!
제발 소문과 달리 조용히 인명피해는 물론
재산피해도 주지 말고 지나가면 안 될까
그렇게 할 수 있겠지

카눈!
이름도 아름다우니 아름답게 행동하여
우리 인간에게 미덕을 베풀라

네가 일생을 마칠 때까지 인간과 주변의
또 다른 자연과 좋은 관계가 유지되도록
두 손 모아 빌게

그렇게 하는 거지?
고맙다
유종의 미를 거두자 카눈 안녕!

태양에게
– 폭염이 10여일 계속 이어지다

태양이 지구와 더 가까운 친구가 되고 싶어서
아니 인간과 좀 더 친밀해지고 싶어서
너무 가까이 접근하고 있구나

아무리 가깝게 친해지고 싶어도 그렇지
여름철 한낮에 섭씨 35도를 넘기면 되겠나
친하면 친할수록 적당한 거리 유지가 중요해

인간이 일생동안 제일 가깝게 지내고 있는
부부지간에도 유별有別하거늘
어찌 태양이 변심이라도 한 것이더냐?

사랑하는 太陽아!
이제까지 지내온 것처럼 더 이상 가깝게
하지말자. 지금까지 지내온 그대로가 좋다

자연의 법칙과 이치는 정도가 넘지도
일정거리를 이탈하지 않기로
되어 있지 않은가?

적당한 거리 적당한 간격을 유지함이
천칙天則이 아니더냐 그 법도를 지키자

그리 하길 간절히 바라면서 안녕
사랑하는 태양이여 !

호랑나비 한 마리
- 큰형님 장례를 마치고

큰 형님!
당신께서 이승과 이별하시고 저승에서 호랑나비로 환생하셨나요
아니면 천당 극락세계로 잘 갔으니 염려하지 말라고 뜻을 전하기 위해
전령으로 호랑나비를 저에게 보내셨나요 진정 그러신가요

폭염이 내려쬐는 무더운 여름 날 7월 1일
계룡산 줄기 한 자락에 자리잡은 형님의 안식처 墓地에
장례葬禮 진행 중 하관을 마치고 잠깐 소나무 그늘에서
땀을 식히고 서 있을 때

예쁜 호항나비 한 마리가 날아와 내 팔뚝에 사뿐히 앉아
나폴나폴 날개 저으며 인사를 하네요, 잠시 후
팔뚝에서 떠나 가슴 앞으로 날아와 날갯짓하며
몇 차례 인사를 한 후 다시 팔뚝에 앉아 떠날 줄을 모르네요

형님의 혼백이 아니면, 당신을 대신한 전령으로
호랑나비를 보내신 거 아니겠어요
좋은 곳으로 잘 갔으니 염려하지 말라고 보내셨지요
그리고 이승에서의 부모형제, 자녀들과의 인연 고마웠다는
마지막 이별 말씀 전하고자 보내신 것으로 알겠나이다
우연이라고 하기엔 넘 신기한 일이잖아요
지성이면 감천이요, 자연과도 상통할 수 있다는 사실을요

형님! 이승에서의 인연 감사했습니다
저승에 가셔서도 변함없이 가족 모두 보살펴 주시옵고
평안히 영면하시기를 바라옵니다

젊은이들에게

젊은이여!
그대들은
영원히 젊은 청춘일 것이라 착각하지 말라
달도 차면 기우나니
이 세상에 영원한 것은 없다
그대들도 분명히 늙는다는 사실을 알라
이는 자연의 법칙이요 자연은 거짓이 없다

노령에 접어들어 머물고 있는 그대들의
부모님이나 할아버지 할머니들도
그대들과 똑같은 삶을 살아왔음을 알라

좀 늙었다고 경시輕視하는 불손不遜한 태도
당신같이 늙은이가 무엇을 알겠느냐 하는
언사는 무례함을 넘어 불쾌하다

이런 느낌이나 체험은 비단 나 혼자만의
경험은 아니며 이런 상황은 어디라 할 것 없이
사회생활 전반에서 접하고 일어나는 현상이다

내 부모님이나 할아버지 할머니로 여기고
공손한 태도와 언어로 안내 설명하고 대하면 안될까
그리 어려운 일일까 묻고 싶다

내 자녀도 그렇지 않을까 염려되어

내가 살고 있는 집에 오거나
가족모임이 있을 때마다 소귀에
경 읽듯이 교육을 반복하고 있다

그대들도 분명히 늙는다 돌부처가 아닌 이상
자연의 섭리攝理를 벗어날 수 없다
공손한 언어와 태도는
우리사회를 밝고 아름답게 한다는 사실을
젊은이들이여 알았으면 한다

우리가 살아가는 데는 지식도 중요하지만
그보다 지혜智慧가 몇 백 몇 천만 배 더 중요하며
더 나은 세상을 열어가고 바꾼다는 사실이다

상대가 누구라 할 것 없이 공손히 대하고
우리 모두 겸손 합시다

* 먼저 모든 젊은이에게 해당되는 글이 아님을 양해바랍니다.

2020 잔인한 팔월

천지개벽이리고 해야 옳을지
물 폭탄이라고 해야만 할지
하늘이 구멍 뚫린 것도 아닌데
물을 그리 많이 쏟아 붓나
상전벽해桑田碧海라더니
산과 들을 바다로 만들려는가
山인지 河川인지 江인지
바다인지 구별할 수가 없네
산이 헐벗은 일천구백 오육십 년대였다면
산山이 사태 나고 하천과 강둑이 무너져
물이 범람해 홍수洪水에 이르렀건만,
산림이 빽빽히 우거져 사람이 발을 들여놓을 수 없는
현실이 아니었다면 조국의 산야는
과연 어찌 되었을까?
왕조국가 당시는 '治山治水'가 통치덕목의 제일이었거늘
지금 공화정共和政이라 하여 다를 바 없으리라
'유비무환有備無患'은 국가안보에만 국한되어 있지 않음을
위정자는 명심하고 대비하여야 할지니라
國家 百年大計를 위해서…

삶속의 아픔

삶속의 아픔은 치유대상이지
극복의 대상이 아니다

부정하면 부정할수록
잊으려 하면 잊으려할수록
더 생각나고 더 떠오른다

부정하거나 저항하지 말고
있는 그대로 그 상처를 따뜻하게
바라봐 주라

바라보면 아픔 뒤에 배경처럼
서있는 사랑이 느껴질 것이니

삶속의 아픔을 너무 슬퍼하거나
고민하지 말자
이 또한 지나가는 과정일 뿐이다

새 집을 짓다
- 임플란트

건축사는
낡고 헌 집을 허물어
주변정리를 깨끗이 한다
그곳에 새 집을 짓기 위해
기초 공사 터파기를 하는데
건축 기사는 아 아~ 입을 크게 벌리라고 한다
아~, 드릴로 천공을 뚫는데 많이 아프다
몇 차례가 반복 되고
허물어지지 않도록 철심 말뚝을 박는다
아파도 끽 소리 못하고
참아내야 한다
부스러기를 물청소로 깨끗이 씻어 낸다
1차 공사가 주춧돌을 놓고 끝나면
주춧돌이 단단히 굳어지도록
3~4개월의 긴 기간 다독이고
2차 공사에 들어간다
역시 1차 공사 때와 비슷하다

공정工程에 따라 진행은 철심기둥을 세운다
이때에도 건축사는 연신 아~ 외쳐대며
입을 크게 벌리라고 한다
어억 참아내는 동안 2차 공사가 끝나고
물청소로 깨끗이 마무리 한다
헌 집을 허물고 새집(新築)을 짓는 과정이 쉽지 않다
2차 공사가 끝나고

1~2주 기간 안정기를 지나 3차 공사를 시작한다
1.2차 공사와 비슷하게 진행되어
지붕을 덧씌우고 다듬기를 반복
정리하여 새집 짓기를 마무리한다

옛 집터에 새집이 지어져
임플란트라는 새 이름으로
지어진 집에서 안락한 생활
음식물 씹기를 자유로이 할 수 있게
치아가 탄생하여 여생을 즐겁게 살 수 있는
새新집을 건축사가 지어주었다
새新집을 잘 지어준 건축사 치과 의사께
고마움을 전하며 치하한다

영원한 것은 없다

삶이 아름다운 것은
죽음 때문이다

기쁨을 누릴 수 있는 것은
슬픔이 있기 때문이며
즐거운 것은 괴로움이 있기 때문이다

희망이 있는 것은
절망과 시련이 있었기 때문이며
성공할 수 있는 것은
실패의 쓴 맛을 보았기 때문이다

건강이 소중한 것은 한 때
건강을 잃어 아파 봤기 때문이며
꽃이 아름다운 것은 지기 때문이다

봄이 따뜻하고 아름다운 것은
추운겨울이 있기 때문이고
가을이 아름다운 것은
무더운 여름이 있었기 때문이다

자연과 사람이 이렇듯 아름다운 것은
잠깐 오고 가고, 피고 지듯이
순리에 따라
영원한 것은 없기 때문이다

하여
오늘도 최선을 다해 보람 있게
건강한 하루
즐겁고 행복하게 살자

뿌리 없는 나무

반만년 역사를 자랑하는 동방의 예의지국
대한민국에 2008년부터 호적제도를 폐지하여
뿌리 없는 나무가 수천그루 자라고 있다

원류源流뿌리를 사정없이 싹둑싹둑 잘라버려
실뿌리 하나 겉뿌리에 의존 생존하여 살아가고 있다

누가 왜 그랬을까?
명목은 차별 아닌 차별을 없애기 위함이라 변명하지만
사람으로서 인륜人倫에 반하는 짓을 하면서
손가락질 욕먹기 싫어서였을 게다

단군왕검께서 이 나라를 창조하시어 4341년을
성스럽게 이어오는 자랑스런 미풍양속의
씨족氏族 관념과 애향愛鄕 사상의 미풍양속 전통의
뿌리를 뽑아서 없애버렸다

가족관계증명서라는 이름으로 바꾸어 본적도 없애고
현 거주지에 한 가정 1세대 가족만이 기록되도록 하여

나는 어디서 왔는가?
나의 부모와 형제, 나는 어느 가문에서 어디에서 태어났는가?
선대先代 조상이 누구인지 본적이 어디인지 알지 못하도록 하였다
뿐만 아니라 자동차 등록제도도 市道 단위 등록제에서 전국구로
변경하여 지방자치의 소속감과 애향심마저 빼앗아버렸다

뿌리의 源流를 찾아 튼튼히 氏族 宗族 관념을 유지하고
지방자치 소속감과 애향심을 고취하기 위해서라도
옛 호적제도의 부활과 지방자치제에 따른 차량등록번호 부여로
등록 제도를 환원시켜야 한다
잘못된 것은 당연히 올바르게 고쳐야 할 것이니라

누구를 위한 정치이며 누구를 위한 통치행위인가?
통치자인 대통령은 유한하나 국가와 국민 가족
氏族宗族의 역사와 전통은 영원하다

호적등.초본을 가족관계증명서로 대체하여 先代조상을 생략한 채
단순히 부모와 형제자매가 미혼 시에만 기재되고
자녀가 결혼하게 되면 독립세대로 분리되어 알 수 없게 되었다
함께 세대를 이룬 거주자만이 기재해 놓았다
누나와 누이 자매 관계도 출가하면 아예 알 수 없도록 유령으로
만들어버렸다

누구를 위한 법률인가?
이유인 즉 위화감 조성을 없애기 위함이라 한다
누가 위화감을 조성하였는가?
그를 주장하는 그들이 하지 아니했는가?
양심의 마음을 열고 뒤돌아보아라

이는 역사와 전통을 송두리째 파괴한 행위로 민족사관과 국가를
망치려 하지 않았다면 다시금 원상복구하여 회복시켜야 한다. 반드시!

통치자인 대통령은 유한하나 국가와 역사 전통은 무한하다
우리민족의 유일한 자랑거리
미풍양속을 반드시 유지 발전시켜야 한다

그리하면서 자신은 잘 했다고 전국 방방곡곡에 기념관과 업적을
자랑하기위한 시설물들을 막대한 비용(血稅)을 들여 건축하고 한해의
관리 유지비가 천문학적 수치로 혈세가 낭비되고 있음은 주지의 사실이다
이 나라 대한민국은 민주공화국이지 북한 김일성 왕조의 공산인민공화국이
아니다

한 나라의 통치는 왕정국가에서는 군왕을 잘 만나야 하고
국민주권 공화정시대에서는 대통령을 잘 뽑아 선출해야
국가발전과 국민의 삶이 평안하고 행복한 것은 만고의 진리이다

잘못된 것은 후대에서 개선 발전시켜야 할 책무가 있다
궤변을 미명으로 주장한 그들을 제외한 전 국민의 명령이다
역사와 전통 氏族 宗族의 미풍양속을 반드시 바로잡아야 한다

국가와 국민 그리고 가족 고향을 사랑하시는 국민들이여!
근본根本인 뿌리를 튼실하게 하여 나무가 잘 자랄 수 있도록
잘못된 것은 바로잡아야 하지 않겠습니까?
손주들이 나의 선조 조상은 누구이며 나의 뿌리는 어디인가 알 수 있겠는가
반만년 역사와 전통으로 이어오는 崇祖思想과 愛鄕思想을
원상 복구하여 반드시 회복시켜야 한다

제4부
내 마음속에 그림 그리기

기다림
– 희망을 향하여

그는 언제쯤 올까
내일, 모래, 아니
한 달, 두 달
일 년, 그러면 언제쯤
10년 후에 기다리면 올까
오기는 오는 거지
때가 되면 오겠지
꼭 와야만 한다
눈 빠지게 기다리게 하지 말고
하루라도 빨리 와야 한다

그대가 오는 날은
얼마나 즐겁고 기쁠까
생각만 해도 감격하고 흥분된다
긴 기다림의 만남, 그리고 성취成就
이 세상 무엇과도 바꿀 수 없는
기쁨이고 영광榮光이다
기다림은 희망이고 그리움
기다림이 성취되는 날
눈앞에 나타나는 날
천상의 극락이 될 것이다

인생은 이를 위해서 기다리며 산다
기다림은 희망 그리움 그리고 즐거움이다
그대여 내 곁으로 빨리 오라

길 위의 명상

길에서
마주친 사람
미소 지으며
옆을 스쳐 지나가는 사람
기분 좋게 해주는 사람이고

길에서
만난 사람
수심 가득한 표정으로
지나가는 사람
마음을 우울하게 해주는 사람이다

길에서
마주 치면
밝고 맑은 표정으로 미소 지으며
기분 좋게 해주는 사람이면 좋겠다

얼굴은 마음을 담아 전하는 마음의 창窓
마주친 사람 기분 좋고 즐겁게 미소로
밝고 맑은 투명한 창窓이 되도록 해야 하겠다
그리 하면 나도 너도 기분 좋겠지

누구를 위하여
- 1961년 일기장에서

누구를 위하여
오늘도 동천東天에 먼동이 트고
밝아 오는지

아침에 우는 새 소리 괴롭기만 하네
수많은 사람들 오늘도 산다는 의미에서
거리에 오가는 발걸음 퍽이나 바쁘다

어디로 그리 숨차게 바삐 가는가
오늘은 오늘대로 살기위한 바쁜 걸음
내일은 더 나은 삶을 위해 몸부림치는 발걸음
누구를 위하여 바삐 가는가

인류 역사의 여정이로다

마음속에 그림 그리기

내 마음속의 캔버스 위에
내가 원하는 삶의 그림을 그려본다

자꾸 그리다 보면 어느새
그 그림이 살아서 뛰쳐나온다

이왕이면
다른 사람과 내가 함께 행복해 지는 그림
최고로 좋은 그림을 자꾸 그려본다

그러면 나도 모르게 행복이 저절로
찾아와 행복해질 것이다
행복은 눈과 발이 달려 있기 때문에

행복은
가고 싶은 가정이나 집을 찾아 가고
가고 싶은 사람에겐 지체 없이 달려간다

나는 오늘도
마음의 캔버스 위에
행복해지는 큰 그림을 자꾸 그려본다
행복은 사랑이고 사랑은 행복이기 때문이다

눈물

눈물이 나는 건 삶을 사랑하기 때문이다

왜 눈물이 나고 흘리는 걸까?
기쁘고 감격해서, 슬프고 마음이 아파서
괴롭고 고통스러워
눈물이 나고 눈물을 흘리게 한다

감격과 감동해서 흘리는 눈물은
환희歡喜, 감격感激의 뜨거운 기쁜 눈물이며
마음이 아파 슬퍼서 흘리는 눈물은
냉정冷情, 애통哀痛의 차가운 눈물이다

즐겁고 기뻐서 흘리는 눈물은
온정溫情과 행복幸福의 따뜻한 눈물이며
절망으로 괴로워서 흘리는 눈물은
단장斷腸 애절哀切의 아픈 눈물이다

사랑하다 헤어져 흘리는 이별의 눈물은
상심傷心 상처傷處의 쓰라린 눈물로
눈물 없이 인생을 살아 갈 수는 없다
눈물은 가끔 흘리면서 살아가는 것이
인생의 삶이다

눈물 없이 어찌 희로애락의 삶과 멋과
맛을 논론論할 수 있으며

향기香氣를 맡고 느낄 수 있으랴
눈을 보호하고

삶의 맛을 느끼고 멋을 누리기 위해
우린 가끔 즐겁고 기쁜 눈물과
슬프고 아픈 눈물을 흘려야한다

눈물은 흘리되 슬픈 눈물보다는
환희歡喜와 감격感激의 그리운 행복한 눈물을
흘릴 수 있는 삶을 살아야 한다
눈물이 나고 흘리는 건 삶을 진정 사랑하기 때문이다

도전은 아름답다

나이와 관계없이
도전挑戰은
할 수 있다는 씩씩한 마음가짐
언제나 아름답다

하고자 하는 의욕과 결의決意는
희망을 펼치고자 하는 욕망
성취와 성공의 징검다리이다

어느 분야이든
자신의 취미와 소질에 부합한
분야에 도전한다면 적격이다

예로서
문학공부를 하는 자의 장르에서
시인 수필가 소설가로서의 도전과 등단
평론가로서, 낭송가로서의 활동 등

지식과 소양, 지혜는 아무리 채워도
마음의 창고가 넘치지 않는다

양식良識의 곡간穀間을 욕심껏 채워보자
마음의 살이 토실토실 찌도록
새로운 영역에 도전하고
기록에 또 다시 도전하자

그리고 성취하자

하면 된다 꿈은 반드시 이루어진다
도전은 꿈의 실현이요 목표달성의 발로이다
도전보다 빛나는 메달은 없다

황혼인생의 자유와 행복

황혼의 인생
바쁠 것도 급할 것도 없다

잠자는 시간이 정해져 있지 않으니
기상시간 또한 정해져 있지 않다

잠자고 일어나는 시간 일정하지 않으니
아침 점심 저녁 식사시간 정해져 있지 않다

자고 싶으면 자고, 밥 먹고 싶으면 먹고
외출하고 싶으면 외출하고

책 읽고 싶으면 책 읽고
글 쓰고 싶으면 글 쓰면 된다

직장생활 하지 않으니 높고 낮음(上下)이 없어
하는 일에 간섭이 없다

간섭이 없으니 스트레스를 받지 않아
지상낙원이 따로 없다

세상에 이런 신선神仙 놀음이 있을까
황혼은 자유 인생, 삶 자체가 행복이다

인생은 나그네

어디서 왔다가 어디로 가느냐 묻지마라

구름이 흘러가듯 강물이 흘러가듯
그렇게 흘러서 가면 되리라

황혼 인생 삶, 늙는 것이
불행이 아니고 행복이다

우리 모두 건강하게 살아요
이 세상 하직下直하는 그날까지
'일체유심조一切唯心造'와
'여의길상如意吉祥'을 마음에 담아 두고서

아버지의 그늘
– 2022년 5월 8일 어버이날에

초목은 밝은 햇살을 받아 튼실하게 자라지만
인간은 아버지의 그늘 아래에서
튼실하고 성숙하게 자란다

봄가을 아버지의 그늘은 선선하면서도 포근하고
삼복더위 여름철엔 느티나무 그늘처럼
땀을 식혀주듯 시원하다
북풍한설 몰아치는 겨울에는 군불을 뎁혀
구들방 아랫목처럼 따끈따끈한 그늘을 만들어 주신다

어머니의 그늘은 늘 따뜻하고 포근한 그늘이라면
아버지의 그늘은 사시사철처럼 그때그때 상항변화에 따라
온화하고 포근하거나 뜨겁고 차가울 때도 있다
자녀가 잘 자랄 수 있도록 그때그때 알맞게
적절히 빛과 온도 습도를 조절하여 그늘을 만들어 주신다

어머니 뱃속에서 태어나 유아기를 지나면서부터 일생을
아버지의 그늘 아래서 어떻게 성장하느냐에 따라
인생의 행로가 정해지거나 지대한 영향을 받는다

아버지는 자녀들에게 사회에 공헌하고 국가에 동량棟梁이
될 수 있는 큰 사람이 되도록 그늘 제공에 최선을 다하신다

우리 인간은 아버지가 생존해 계시건 천수를 다 하시고
이 세상에 안 계셔도 내 나이에 관계없이 죽는 그날까지

아버지 그늘 밑에 살고 있음을 부인할 수 없다

아버지의 그늘은 언제까지나
늘 받고 싶고 그리운 내 삶의 이정표다
오늘도 '아버지' 하고 큰 목소리로 부르며
이 일은 어떻게 처리하는 것이 좋을까요 여쭤보고 싶다

아~ 그리운 아버지 우리 아버지!
큰 목소리로 불러본다
아버지 사랑합니다
라고 우리 모두 외쳐보자

일상의 생각

삶의 절반은 그리움에 살고
나머지 절반은 외로움에 산다지요

지기 위해 악착같이 피는 꽃처럼
우리 삶, 또한 그러하니

백년을 산다 해도
오늘 하루가 마지막 날인 것처럼
최선을 다해 가장 아름답고 행복하게
살아야 해요

최선을 다해 살아야 할 삶, 오늘이
우리 인생에게 천부적天賦的으로 주어지고
부여된 권리이며 의무이기 때문입니다

삶을 선택할 수 있는 것은 소중한 권리

우리의 삶은 주어진 것이지만
그 한계 안에서 우리는 선택의
자유를 가질 수 있다

그 과정에서 고통이 있다면
받아들이고 극복해야 하는 것
그것이 우리의 의무인지 모른다

최악의 상황을 최선의 경지로 반전시킨
'예'는 우리 인류역사에 수없이 많다

행복은 더 나은 미래라는 희망을 갖고
노력할 때 느껴지는 그런 설레이는
마음이 아닐까 생각한다

행복해질 수 있는 삶을
선택하는 것도 우리의 소중한 권리

지옥과 천당
 – 아내를 간병하며 마음을 다짐하다

지옥과 천당은
죽어서만 가는 게 아니다
우리의 일상에도 지옥과 천당이
마음먹기에 따라 오고 간다

한 순간에
지옥을 가기도 하고
천당을 가기도 한다

마음가짐에 따라
지옥과 천당이 뒤바뀌기도 한다

우린 흔히
부부를 일컬어
'夫婦는 一心同體'라고 쉽게 말하지만

그 말 문장의 의미는 둘 중에
한 사람이 먼저 죽는 날까지
지켜져야 할 名文으로서
아내가 병환으로 아프거나
남편이 아프거나 할 때
절실히 느껴지는 말 문장이다

병환 중에서도 특히
인지능력이 부족하거나 없는 치매환자라고 할 때

남편이 아내를 아내가 남편을
저 세상으로 하직할 때까지 곁에서
힘이 닿는 데까지 돌봐야할 책무를 다할 때
'夫婦는 同心一體'라는 名文을 사용할 수 있으리라

귀찮다, 힘들다 하여 쉽게 결정하고
요양원에 입원시켜 타인에게 맡기는 것은
부부는 동심일체라는 말 명문은 상실하게 되나니
이 순간 지옥과 천당,
천당과 지옥이 뒤바뀌는 순간이다

요양원에 종사하시는 분들에게는 죄송하고 양해를 구하지만,
요양원 고려시대의 유물 고려장
현대판 고려장으로 인식하는 것이 나만의 생각일까
나이 들어 노령기에 있는 분들의 생각이라고 말하고 싶다
그 이유는 설명이 필요치 않을 듯,

인간은 아름답게 태어났으니 아름답게 죽는
인간이어야 할지니
"부부는 일심동체"의 뜻, 名文은
생명이 다하는 그날까지 지켜야 할 命題이다

지옥과 천당은 마음의 한 순간이니
이 세상 천당에서 살다가 저 세상 천당으로 가는 날까지
'부부는 동심일체'의 명문장을 지켜야한다

사랑하는 아내여!
염려하지 마시라 나는
그대 옆에서 끝까지 당신을 돌보며 함께 있으련다
인간으로서 인생을 아름답게 마무리 하련다
지옥과 천당은 마음가짐에 달려 있음이다

오늘이라는 선물

나는 오늘
오늘이라는 가장 소중한 선물을 받았다
이 세상 어느 것보다도 귀한 큰 선물이다

오늘이란
내가 살아있다는 존재로
이 세상 모든 것을 보고 느낄 수 있으며
무엇이든 할 수 있는 선물이다

오늘이 있기에
사랑도 기쁨도 웃음도 슬픔도 즐거움도
누릴 수 있는 행복과 여유
더 이상 무엇을 바라겠는가?

오늘이 있어
내일의 희망을 맞이할 수 있고
내일도 오늘처럼 희로애락喜怒哀樂의 수레바퀴에
행복을 누릴 수 있는 것은 큰 선물이다

이 보다 더 한 기쁨이 이 세상
어디에도 있을 수도 찾을 수도 받을 수도 없는
가장 고귀하고 소중한 큰 선물이 오늘이다

오늘을 나에게 선물로 주신
조물주造物主님께 감사하며
오늘의 선물을 가장 보람있게 사용하련다

행복

언제나 늘
건강을 유지하며
편히 쉬고 생활할 수 있는 보금자리가 있고
사랑하는 아내와 남편이 함께
인생을 동반할 수 있음은 행복이다

자녀들이 부모를 존경하고 효도하며
안정된 가정생활을 유지하고
가족에게 즐거움과 희망을 주는 손주 후손들이
자라고 있음은 행복이다

그리운 고향이 있고
고향 뒷산에 부모님께서 편히 잠들어 계시고
친인척과 만나 정담을 나눌 수 있음은 행복이며

매일같이
카톡, 메일로 안부를 주고받으며 종종 만나
식사를 겸한 반주를 나눌 수 있는
다정한 친구가 있음은 행복이다

궁색하지 않아 행복하고
시간이 넉넉해 행복하고
친구 같은 아내가 있어 행복하고
취미활동이 있어 행복하고
건강이 따라주어 행복하다

건강관리와 취미활동으로
문학과 벗 삼아 무료함을 달래고
글을 쓰며 문우들과 여가를 즐길 수 있음은
더할 나위 없는 행복이다

부자富者는 아니어도
궁핍하지 않게 경제활동 할 수 있는 연금이
월급처럼 뒷받침해 주고 있음도 행복이다

연령에 걸맞게
건강을 유지 관리하고 있음은 최고의 행복이다

이 모두가
행복하게 할 수 있는 조건들이며 존재들이
갖추어져 있어 행복하다

반딧불이의 숭고한 사랑

나는 이 세상에
반딧불이로 태어나 십오일 간 황홀한 삶을 살다간다
내 삶의 터전은 제일 깨끗한 곳,
일급수지역 물가에 자리 잡고
사람이 저주하는 개똥을 먹고 사는 것이 아니라
사람이 즐겨 먹는 우렁이 다슬기를 주로 먹고 산다
더럽다고 욕하지 말 것이며
개똥벌레 이름도 접어주고 반딧불이로 교정해 주었으면 한다

나는 십오일 간 짝을 찾으러 여름밤 긴 여행을 하며
후손을 남기기 위한 여행길이기도 하다
여행 기간 중 캄캄한 여름 밤 산야를 헤집고 돌아다니며
32럭스(lux 500~600na) 발광을 발하는 빛을 비추어 선사한다
그러기에 내 이름을 '반딧불이'로 붙여졌는지 모르겠다
아주 그 옛날 인간들이 등불조차 귀하였을 때
어두운 밤 등불을 대신해 한지로 만든 봉지에
우리 몇을 가두어 넣고 우리가 발광發光하는 빛을
등불삼아 공부하여 성공했다고 붙여진 아름다운 이름
'형설지공螢雪之功'이란 좋은 말이 태어났다 한다

보름을 여행하는 동안 우리 암 수컷은 서로 짝을 만나게 되고
단 한 번의 첫 사랑이자 마지막 사랑을 나누는 애틋한 사연을
간직하고 있다
단 한 번의 짝 짓기로
수컷인 나는 일생을 마감하여야 하는 슬픈 운명이며

암컷인 나는 후손 종족 유지를 위해 50~100여개의 알을
우렁이와 다슬기 몸을 빌어 낳아 남기고
수컷의 뒤를 따라 생生을 마감하는 기구한 운명이다

우린 첫 만남에서 첫 사랑을 주고받는 동시에 마지막
사랑까지 나누고 후손만을 유산으로 남기고 일생을 마감한다
이러한 삶과 사랑이 숭고한 삶이고 고귀한 사랑이 아닌가 한다
우린 결코 더러운 곳에서 더러운 먹이를 먹고 사는
개똥벌레가 아닌 신성한 본래의 이름 반딧불이로 불러다오

사랑은 기쁘고 즐거우며 아름다운 것
사랑은 종족種族(후손)을 보존해 주는 위대함이다
'반딧불이'의 숭고한 사랑이 증명하고 있다

귀 빠진 날 Happy birthday

저 영롱한 별에서
우주공간에 첫 발을 내딛는 날
그날이 생일이다
생일 축하합니다
생일 축하합니다
사랑하는 당신의 생일을 축하합니다

조물주의 명命을 받들어
하늘과 땅이 결합하여 조화 이루어
십여 개 월 이백팔십여 일간
거룩한 모태의 성전聖典에서
자양분을 섭취하고 자라
인간의 형체로 진화되어
이 세상 밖으로 나오는 날
환호하고 축복받는 그 날이
생일이다

일 년 삼백육십오일 이면
어김없이 찾아오는 생일
귀 빠진 날이라 기념하여 미역국 끓여 먹고
축하의 노래 부른다

21세기에 이르러 과학문명의 발달로
동서가 하나 된 우주공간에 살고 있어
그 옛날 축하의 떡에서 케익으로 바뀌었다

먹은 나이만큼 촛불 밝히고
가족 또는 친지 친구들이 둘러앉아
생일 축하합니다 생일 축하합니다
사랑하는 00의 생일을 축하합니다
축복의 노래를 부르는 축제날이 되었다

생일을 맞는 그대들이여!
부디 만수무강 하시고 행복 하시라
이 세상 목숨生命 다하는 그날까지
영원히 영원히 행복하시라

인연의 소중함

우리는 흔히 인연 이야기를 많이 한다
내 앞과 뒤, 내 곁에 옆에 누가 있을까
누구와 인연 관계를 맺고 있는가

부모 자식 간의 인연은 하늘이 점지해 주고
부부와 친족 간의 인연은 맺어 준 인연이라 한다
친구 간 인연은 선택에 따라 맺어진 인연으로
깊고 낮음의 굴곡이 천차만별이다

그뿐 아니라
사회활동에 따라 친분관계를 쌓아 맺어진 인연
지나치며 알게 된 인연 헤아릴 수 없는 인연으로
우리 인간은 살다가 간다

뿐만 아니라 동식물도 어느 집에 선택 받아
가축으로 관상수로 삶을 함께 사느냐에 따라
그들의 운명도 천차만별이다

우주의 삼라만상이 크고 작은 인연 속에
그 누구와 잘 만나느냐에 따라
그 일생이 행복과 불행의 교차는 크다

혈육으로 부모자식 간 天倫관계로 만나
태어날 때부터 고통과 고민 없이
여유로운 부유한 가정에 태어난 자의 인연

성장하면서 사랑과 배려로 성숙해져 행복을 쌓아가는
부모 자식 가족 간의 인연
친구 친지간의 인연
서로가 잘 만나야 한다

그래야만 일생이 풍요롭게
'희로애락'의 굴곡을 잘 넘기고
행복하게 살다가 저편 피안彼岸으로
마음 편히 아름답게 간다

동물도 가축으로 선택되어
어느 가정에 어느 사람과 만나느냐에 따라
그들의 삶도 풍요롭게 아니면 고통스럽게 살다가
아름답게 가느냐 불행하게 가느냐 하는 것은
역시 사람과 잘 만나야 한다

초목들 역시
매 한가지로 어느 사람과 만나야
그 일생이 화려하고 아름답게
아니 쭈굴스럽고 비참하게
본연의 수명을 다 마치고 가느냐의 문제인 것이다

이렇게 사람과 대우주자연의 생명체들이
그 주변의 인간과 사물과의 인연에 따라
그 일생이 화려함과 행복

초라함과 비참한 일생이 결정 지어진다

그러므로
주변 앞 뒤 옆 곁에 인연을
잘 만나야 한다

따라서 앞과 뒤 그 곁에
그 옆에 누구와 같이 함께 동행 하느냐에 따라
행복하게 불미스럽게 일생을 끝내게 된다
참으로 만남의 인연은 정말 소중한 것이다

고마움을 느낄 때

살면서 고마움을 많이 느낄수록
행복해진다고 한다

세상에 나 혼자 뚝 떨어져 있는
외로운 나가 아니고
서로가 연결되어 있는
사람들 속의 나를 느끼기 때문이다

그러므로
고마움을 느낄 수 있도록 배려와
言行을 살펴 조심해야 한다

그 길이
眞理에 더 가까워지고
행복으로 가는 길이 아닐까 한다

서울랜드마크 롯데월드와 석촌호수

그 옛날
누에치기 고장 잠실벌
뽕나무 밭과 송파나루
천지개벽이라도 했는가

뽕나무밭이
서울의 랜드마크 롯데월드가 되어
높은 빌딩과 고층아파트의 불야성으로
밤하늘을 곱게 수놓고 있네

나룻배 노 젓던 송파나루는
도심 속 허파가 되어
탁한 공기 정화시키고
멋진 야경의 풍미를 발산하는
별들의 고향 석촌호수가 되었네

서울의 명물 롯데월드에서
뿜어내는 네온싸인과 밤하늘에
펼쳐져 반짝이는 별들의 잔치가
한데 어우러져 서울하늘 한 복판
화려하게 수놓아
석촌호수에 첨벙 신세계를 창조하였네

우뚝 솟은 롯데월드와 고층 아파트
석촌호수를 몽땅 품안에 안은

넓은 가슴의 땅 大地, 잠실벌이
명실공히 천지개벽을 하였구나

행복은 어디에?
- 쇼퀸경연무대를 보며

행복은 어디에 존재하고 어디서 찾아야할까
무엇이 행복인지 가슴에 울컥 안긴다
꿈꾸던 당신의 무대 쇼퀸노래경연에서

참가자 저마다의 사연을 들을 때
피나는 각고의 노력으로 무대에
서는 것도 중요하지만 각자 처한 상황을
보면 나라는 사람은 너무 행복에 겨웁다

어려서 아버지와 사별하고 노래 부를 때마다
아버지의 사랑을 절규하는 어린 소녀의 모습
음악에 재능을 갖고 있으면서 육아의 문제로
성큼 내딛지 못하다가 기회를 찾은 앳된 주부의
노래 경연무대를 보고 시어머니를 눈물짓게 한다

완전 시각장애인이지만 맑고 밝게 명랑하게
피나는 노력으로 연마하여 부르는 노래를 들으며
심사위원은 물론 청중의 가슴과 눈에 감동의 눈물이 흐른다
나의 눈에도 달기 변 같은 물방울이 맺혀 눈물져 흐른다

출연자 모두가 사연은 다르지만 역경을 극복하고
자신의 사연에 걸 맞는 선곡選曲으로 화려하게 선보인
쇼퀸 노래경연무대 눈물 없이 보고 들을 수가 없구나
사지육신四枝肉身이 멀쩡하면서 불행하다 하지말자
행복은 멀리 있는 것이 아니고 가장 가까운

내 가슴속 마음에 있다

조금이라도 불행하다고 불만을 갖고 있었다면 반추하여
떨궈내고 행복을 찾자. 나는 얼마나 행복한지를…
행복이 무엇인지 알게 하고 어디에 있는지 가르쳐 준
TV조선 쇼퀸 노래경연무대에 감사한다. 그리고
청중과 시청자에게 감동을 선사한 출연자 모두에게
감사와 격려를 보낸다. 부디 영광 있으라!

나무가 사는 법

서 있는 그곳에 그대로 꿋꿋하게 서 있어라

때가 되면 하늘에서 물을 내려주시니 목을 축이고
땅에서는 천혜의 식량과 음식을 고르게 주나니
너의 발끝을 잘 움직이면 영양분을 고르게
섭취할 수 있을지니
편안히 그 자리에서 먹고 살면서 기품 있게 잘 자라면 되리라

뿐만 아니라
우주공간에서는 공기를 무료로 나누어 제공하나니
마음껏 들이 마시고 찌꺼기는 내뱉어도 된다

이따금 불어오는 바람에 따라 흥겨운 노래와 춤을 추되
바람의 강약에 따라 흥겹고 잔잔한 노래와
부르스 탱고 지루박과 트로트 막춤을 추거나
점잖게 한국 고유의 나비춤도 사뿐히 추면되리라

너의 일생은 우주자연과 더불어 순리에 순응하면은
일생이 보장받고 잘 살아갈 수 있으니
그렇게 하는 것이 네가 사는 길이며 사는 방법이 아니겠는가?

제5부
님의 향기

초심

해와 달이 동쪽하늘에 떠서 밝게 비추이는 것은
어두운 세상을 밝히기 위한 마음이다

인간이 모태로부터 태어날 때의 마음은
부모에 대한 은혜와 사랑, 고마운 마음이다

자연과 자연간 서로의 만남도, 말을 못해 묵시적이지만,
더불어 함께 살아가자는 마음이다

부모자식과 형제지간에 인연의 만남도,
사회생활하면서 처음 대면하는 사람과의 만남도
절친 친구간의 우정도, 모두가 만남에서 비롯(기인)하며 불편해 하거나
불쾌해 하지 아니했던 고운마음이 초심 아니겠는가?

우리는 조금이라도 본성의 마음이 이탈離脫을 느낄 때
이탈하고 있을 때… 초심 초심하며
처음 가진마음으로 돌아가야 한다고 강조한다

초심은 어떤 어려운 상황이 눈 앞에 닥처 오더라도
변치 않는 착(善)한 마음이다

해와 달이 동쪽하늘에 떠서 세상을 밝히듯이
영아가 모태母胎로 부터 태어나 처음 느끼고 가졌던
은혜와 사랑의 마음이 초심이지 않을까 한다
자연은 初心을 배반하거나 바꾸지 않는다

그렇다
사소한 일에 일희일비一喜一悲 하기보다는 착한마음을
잃지 않음이 사람의 본래 본성이며 인성이고 初心이 아닐까 한다

우린 본성의 初心을 이탈하지 않기를 소망하며
어려울 때 일수록 본성, 初心으로 돌아가자 돌아가야 한다
만사萬事는 마음 가짐에 달려 있다. '如意吉祥'을 늘 곁에 두고
생각하며 잊지이말아야 할 것이니라.

인성

참 그 사람 착하다
마음이 천사야
남을 배려하는 마음
남을 위하는 마음이
몸에 배었다
법法 없어도 살 사람이야
우린
착하고 선량한 사람을 만나거나 대할 때
이구동성異口同聲으로 그렇게 말한다

그 사람 못 됐어~
왜 그리 못 됐을까
심술쟁이도 아니고
훼방꾼도 아닐텐데
남이 안되기를 바라는 사람이야 뭐야
인성人性이 왜 그리 못 됐을까
착하지 않은 사람을 보거나 대할 때
이렇게 푸념한다

人性, 성품!
사람의 성품은 타고 나는 것일까
아니면
天性일까?
그럴수도 있겠지만
後天的으로 성격이 변화할 수 있다

인간은 환경의 지배를 받는 동물이라고
말하듯이~

살면서 경험을 통해 본 결과
두가지 상황이 맞는 것도 같지만
사람은 본시
선천적으로 성품을 타고 난다고 한다
그렇치 않다고 반론할 수도 있겠지만
어찌 됐던 후천적으로
어릴적부터 인성교육, 訓育을 받으며
바르게 성장하여
본인이 좋은 생각, 착한 마음을 갖고
꾸준히 노력 한다면 안될 일이 있으랴
남을 위하고 배려하는 마음가짐으로 생활하면
되지 않을까 싶다

따뜻하고 밝은 사회를 위해서 우린 다 함께
'性品의 리더leader' 되어 세상을 바꾸어
나가야 한다

- 2023년 1월 15일
- " 性品의 리더leader가 世上을 바꾼다 "
- 착한 사람으로 살자.

*人性 :국어사전의 뜻
1.사람의 성품
2.다른 사람과 구별되는 사고와 태도 및 행동의 특성
3.예수가 지닌 사람의 속성

*性品 :사람의 성질과 됨됨이
*性品의 종류
1.경청傾聽 2.순종順從 3.질서秩序 4.인내忍耐 5.용기勇氣
6.청聽지기 7.신뢰信賴 8.책임감責任感 9.지혜智慧 10.충성심忠誠心
*性稟 ; 사람의 타고난 성질

내 이름은 초개 천안함

내 이름은 1200톤급 哨戒천안함
서해바다 최전방 백령도 인근 해상에서
적의 경계와 우리 어선의 어로활동 지원임무를
위해서 배치되었다

해군장병 승조원 104명과 함께 초계임무 수행중
2010년 3월 26일 밤 아홉시 이십이분경
예기치 못한
해저 깊숙히 기습 침투한 북한 잠수정에 의해서
발사한 어뢰공격으로 선미船尾가 피격 파손되어
침몰하였다

이로 인해서 승조원 104명중 46명의
못다핀 젊은 꽃들이 산화하여 우리 곁을 떠났고
58명이 구조된 해상 전투였다

국토방위의 신성한 임무를 수행하던 중
적의 기습침투 공격으로 희생당한 장병들과 함정
애달프도다
국가와 국민은 마땅히 위로와 격려로서 용기를 붓돋아주고
전사 장병들에게 명복冥福을 빌어 주어야 하거늘
어찌 왈가불가 말이 많았던가

정확한 원인 규명을 위해서
다국적(5개국) 정보분석팀 연합조사단을 구성하여

침몰원인을 조사 확인결과
북한의 소형 잠수정으로부터 발사된 어뢰피폭에 의한
외부 수중폭발로 확인 결과를 발표 했음에도

일부 불순 종북세력들이 이를 믿으려 하지 않고
여론몰이로 호도하여 국론을 분열시키고
신성한 국토방위 임무를 수행하다 장렬히
산화한 전사자戰死者들과 생존장병들
그리고 내 이름 천안함에
씻을 수 없는 불명예를 안기려는 그들은
진정 대한민국의 국민이 맞는가 묻는다

북한 김일성 3대 세습 왕조가 그리 부럽고
동경하며 추종하면, 그곳에 가서 살다가 뼈까지
그곳에 묻으라
해군 제2함대 초계 천안함과 승조원 104명의 용사들
그 이름에 더러운 때 묻히지 말라

장엄한 그 이름 초계 천안함과 승조원 장병들
우리역사에 영원히 거룩하게 기록될 것이며
이땅에
대한민국이 존재하는 한 그이름 영원하리라

신성한 국토방위 임무를 수행하는 군의 명예는
마땅히 존중되고 상응한 대우를 해주어야 한다

인간의 생명은 有限하나 국가는 無限하기 때문이다

천안함과 생사를 같이 했던 용사들이여!
유명을 달리한 영혼들이여!
그대들은 대한민국의 자랑스러운 국군이었다
조국과 함께 영원하리라

- 2022년 3월 26일 천안함 피침 12주년에
* 천안함과 생사를 함께한 장병들과 유족에게 위로와 격려를 드리며,
  천안함 백령도 해상전투 제12주기에 부친다.
연합조사단 구성
* 참여국가 : 미국 영국 스웨덴 오스트레리아 대한민국 (5개국가)
* 참여인원 : 24명 전문가

3.1 정신을 계승하자

우리는 오늘 조선이 독립한 나라이며
조선인이 이 나라의 주인임을 선언하노라
이로써 세계만방에 알리며
民族自存의 정신을 영유케 하노라

대한독립 만세!
기미년己未年 삼월 일일 그날의 그 함성 잊지 말아아 한다
사천이백오십이년(4252년) 삼월 일일
일제탄압日制彈壓에 항거한 독립운동의 궐기蹶起

일본 식민지배로 주권 침탈에 항거하여
전국 방방곡곡 지구촌 곳곳에서
손에 손에 태극기 들고 휘날리며
대한독립만세를 우렁차게 부르짖던 그날
우리민족의 염원 자주독립

그 정신 이어받아 계승해야 한다
민족정신 운동으로 겨레자존 운동으로 국민총화 운동으로
승화昇華시켜 계승하여야 한다

다시는
이 땅 대한민국에
한 치의 땅도
외세 침입을 허용해서는 안 된다

기르자 힘!
부국 강병 육성하여 초 일류국가로서 세계를
선도적 역할을 할 수 있는 기품氣稟을 기르자

'평화를 바라거든 항상 전쟁을 준비하라'는
베게티우스의 교훈을 우리는 진정 잊지 말아야 한다
대한민국 독립만세!
만세 만만세!

아~ 잊은지 오래다

이른 아침
국기를 계양한다
베란다 국기꽂이 함에
휘날리는 태극기를 바라보며
가슴에 손을 얹고
국가에 충성을 다할 것을 다짐한다
국가와 국민의 생명을 위협받는다면
어느 곳이라도 마다하지 않고 가겠다

오늘은 제70주년 국군의 날이면서 국가의 날이다
젊은시절
국가안보 최일선에서 제복을 입고 사명을 다 했다

해마다 기념해 오던 국군의 날 행사를
문재인 정부는 왜 잊으려 하는가
역사와 전통을 잊은 국가와 국민에겐
희망이 없다

정부수립 이후 해마다 국민의 가슴속에 살아 숨쉬는
국경일 국가기념일 행사를 접고 잊으려는
문재인정부의 저의는 무엇인가?
그속에서 무엇을 구하려 하는가?
묻지 않을 수 없다

역사와 전통을 부정하는 국가와 국민이

존재해야 할 필요가 있겠는가
아~ 그날을 잊은지 오래다
마음이 아프다 못하여 참담하다

존경하고 사랑하는 국민들이여!
우리의 역사와 전통을 국민 정신으로 승화시켜
계승하고 국가발전의 밑거름으로 삼아야 할 것입니다
역사와 전통을 계승하고 발전시켜야하는 것은
국민의 선택이 아니라 국민의 의무 입니다

- 2018년 10월 1일 국군의 날 기념일 생략에 대하여
* 역사와 전통을 이어받아 발전시킴은 국민의 선택이 아니라 의무이다.

하늘이 열린 날

하늘이 열린 날 역사의 현장에 섰다

사천삼백오십이년 전, 단군왕검이
이 나라를 세운 하늘이 열린 날 오늘
天地神明도 무심치 않아
태풍 피해지역 주민에겐 가슴 아픈 일이지만
태풍 '미탁'도 애시당초 예상과 달리
남부 일부지역만 상처 주고
울진 앞바다 동해로 아침 일찍 도망쳐 빠져나갔다

오천만 국민 중 오십여만
꼴통 좌파(骨髓사회주의 신봉자)를 제외한
사천구백오십여만 염원 외면치 않고
천지 조화속 화창한 초가을 날씨 선사해 주어
대한민국 수도 서울 한 복판
광화문광장 시청광장 서울역 광장에 이어
대학로에서 爲民을 위한 統治에서 벗어나
그들만의 한마당 잔치되어 국민을 우롱愚弄하고
국가발전을 저해 역행하는 짓거리를
더 이상 참을 수(偢觀할 수)없어 방방곡곡에서
오백여만 성난 민초들이 파도처럼 몰려들어
한마음 한뜻으로
統治者 규탄叫彈 下野 집회 결사에 나섰다

우리헌법 제1조에 '대한민국은 민주공화국이다.

대한민국의 주권은 국민에 있고,
권력은 국민으로부터 나온다' 로 천명하고 있다
국민은 누구나 법 앞에 평등하고 법을 준수하여야 한다
법의 범위 내에서 통치행위도 이루어져야 하고
집행되어야 한다
권력을 무소불위 남용해서는 아니된다

그 예로서
삼척동자가 보아도 하자(결함)투성인 자를
각료로 임명하는 통치자의 행위는
용서할 수도 받을 수도 없다
(현실로 나타나 국민이 저항하는 것임을 알라)
때문에,
오백만 성난민심 하나되어
문제인下野 조국罷免 감옥을 외치고 또 외쳐
목청이 터져 나갈듯 청와대로 행진하다
청와대 정문 앞에서 좌절 맨바닥 도로에 연좌하여
사천구백 오십여만 국민의 뜻을 전달하노니
통치자는 조속히 결단하라

法 위에 君臨하려는 통치자의 아집과
그를 추종하는 추잡한 세력들의 민낯
더 이상 방치 방관 묵과할 수 없다

자유민주주의 국가이기를 거부하고

이십세기 말 지구상에서 쓰레기로 버려진
사회주의로 회귀하려는 문제인 정부를
규탄하고 하야를 거듭 촉구한다
국민의 함성 외침 요구에 통치자는 답을 해야한다

더 이상의 불상사가 일어나지 않도록 결단을 촉구한다
그래야만 統治者인 문제인 당신도 살고 국민도 살고
국가가 발전(國泰民安)할 수 있다

아직도
세계 제일의 빈민국가로 전락한
북한 김일성 삼대 세습왕조 김정은을 추종한다면
머지않아 당신과 그 세력은
멸망하고 말 것임을 강력히 경고한다
문제인 당신은 통치자로서 존엄성과 신뢰를 잃은 지 오래다.

* 단기4352년 10월 3일 하늘이 열린 날 : 開天節
　-역사의 현장 광화문 광장에서 告하노라-
* 대한민국 국민 石英 박 길 동

무게(重量)

솔솔 부는 바람에도 파르르 떨며
안간 힘을 다해 버티는 가을의 낙엽
이파리나, 이리저리 흔들리는 갈대가 아닌

거센 파도와 태풍 비바람에도 꿋꿋이 버티며
선박의 항해를 보살펴주는 믿음직한 등대가
아름다운 인생의 삶이 아닐까 싶다

사람의 체중은 적정한 몸무게를 유지하면 이상적이지만
사람의 心重, 마음의 무게는 무거우면 무거울수록
중량감이 있는 묵직한 사람으로
존경하고 호평하며 갈채를 받는다

가볍고 경솔한 갈대의 심정으로 살아가기 보다는
듬직하고 묵직한 重千金처럼 믿음이 가는
신중한 사람이기를 바란다

말과 행동의 경솔 신중함의 결과는
하늘과 땅 차이로 나타날 수 있으니
언행言行을 명심해야 할 일이다.

-2022년 7월 24일
어느 사람의 말과 행동에서

님의 향기
- 忠武公을 연모하며

고운
향기가 물씬 풍깁니다

온갖 꽃향기 뿐만 아니라
솔松향을 비롯해서 지초에서 우러나오는
당신의 향 내음, 향기가 풍겨
내 마음을 황홀케 합니다

아침에 풍기는 향기는 은은하며
고요한 향기가 나고
한낮에는 따끈따끈한
정열의 향기가 풍기고 있어요

저녁엔 솔솔 바람타고 '말리까' 향이
밀려와 가슴속으로 스며 드네요
별이 빛나는 밤엔 감미로운 라일락꽃
짙은 향기가 품속으로
품어 들어오고 있어요

당신의 고운 향기는 날이면 날마다
시시각각 계절에 따라 그때 그때에
알맞은 향기 향 내음이
내 마음을 사로잡는 묘약입니다

이렇게 한 순간도

쉼 없이 뿌릴 수 있는 향기는
오직 꽃중에 꽃, 제일 아름다운 꽃
'마음 꽃'에서 풍기는
人香이 쉴새 없이 뿜어져 나오기 때문입니다

人香! 萬里라 했지요
가장 아름다운 꽃
'마음 꽃' 에서 풍기는 香氣는
이 세상에서 제일 고운
향기 人香입니다

오늘도 당신의 고귀한 고운 향기가
변함없이 풍기고 있어요
그 향기
萬里를 가득 채우고 있습니다

- 2022년 4월 28일 이순신 장군 탄신 일에
- 충무공 이순신 장군 탄신일에 충무공을 추모하며-
- 말리까향기-〉 말리화茉莉花(자스민 화원에서)
- 〉善行한 사람(말리까 왕비)의 마음, 향기에 비유 함

벼 이삭

'벼 이삭'하면 생각난다

사람의 겸손과
누렇게 황금빛으로 물들어
알차게 영글어 고개 숙인 가을
들녘의 벼 이삭 모습을 연상게 한다

이를 두고
벼가 익으면 고개를 숙인다 하며
우리 인간사회에서 겸손의 대명사로
불리운다

그렇다
사람도 곡식도 알갱이가 가득차면
고개를 숙인다

반면에 빈 쭉정이 벼와 같이
알지 못하면서 아는 체 잘 난 척
고개를 쳐드는 사람이 있다
'설 익은 감이 떫다'는 말과도 같이

이를 우린 골이 비고 경솔한 사람으로
멸시하고 좋아하지 않는다

지식과 지혜가 풍부하고 덕망을 겸비한

고개 숙인 겸손한 무게 있는 사람을 우린
우러러 보며 존경하고 좋아한다

마찬가지로 벼가 알갱이가 꽉 차서
황금빛으로 물들인 가을의 들녘을 농부가
바라보며 풍년가를 흥겨워 노래 부른다

반면
가을 논에 벼이삭이 여물지 않고
허옇케 빈 쭉정이로 패서 꼿꼿이 고개를 쳐들고
바람에 나부끼는 들판 논을 바라 볼 때 농부의
허전함과 실망은 표현할 수가 없다

사람도 벼 쭉정이처럼 골(뇌)이 텅 비어 있으면서
쭉정이 벼 이삭처럼 뻣뻣이 고개 쳐들고
잘 난 체 아는 척 하는 자의 꼴불견을 볼 때
우린 좋게 보아 넘길 수가 없다

벼는 익을수록 고개를 숙인다는 진리를
반면교사로 삼아야 할 것으로
덕망과 겸손을 배양하고 생활화하여야 할 것 같다.

- 2022년 12월 15일
 어느 문학인이 타인의 글을 멸시하는 글을 보며-

새로운 꿈 새 희망

기氣 죽지 마라
누구에게도 고개 숙이지 마라
누구를 닮으려고도 하지 마라

낡은 기준은 낡았다
뻔한 결과는 뻔하다

새로운 길을 찾자
새로운 길로 가자

새로운 질문을 찾자
새로운 답을 찾자

정답과 오답을 오가며
모든 것을 다시 연결하자

새로운 우리가 될 것이고
뜻밖의 우리가 될 것이다

우리는 할 수 있다
우리는 해 내야만 한다

멈추지도 놓치지도 말라
목표에 도달 할 때까지~

꿈은 반드시 이루어진다
태양은 반드시 떠오른다

- 2021년 1월 1일 새해
* 새로운 꿈 새 희망을 향하여 *

보이지 않는 힘

흔히
열매를 풍성하게 맺는 나무를 바라볼 때
눈에 보이는 열매와 가지만을 주목하고

보이지 않는 뿌리의 역할과 힘에 대해서는
잊어버리고 지나칠 때가 많다

탐스러운 영양분을 공급해 준 뿌리가 없었다면
나무는 열매를 맺기는커녕
생명을 유지할 수도 없었을 것이다

우리 인생에서도 남들의 시선과 상관없이
보이지 않게 들이는 시간과 노력이
풍성한 삶을 만들어가는 뿌리가 되리라

그뿐만 아니라
인연을 맺고 있는 親姻戚만이 아니고
친구와 지인知人 들께서 알게 모르게
격려와 도움을 주는 힘, 역시
크다 할 것이다

그 보이지 않는 힘에 대하여
고맙고 감사해야 하며
존중해야 한다

* 보이지 않는 힘의 역할이 대단히 중요하다

고마움을 느낄 때

살면서 고마움을 많이 느낄수록
행복해진다고 한다

세상에 나 혼자 뚝 떨어져 있는
외로운 나가 아니고
서로가 연결되어 있는
사람들 속의 나를 느끼기 때문이다

그러므로
고마움을 느낄 때
우리는 진리와 더 가까이 있다고 한다
더불어 사는 세상이기 때문에

나로 하여금 다른 사람이
고마움을 느낄 수 있도록 배려와
言行을 살펴 조심해야 한다

그 길이
眞理에 더 가까워지고
행복으로 가는 길이 아닐까 한다

스포츠와 법

스포츠와 법은 룰Rule이 분명하다

스포츠는
룰Rule을 엄격히 적용한다
반칙에는 예외 없이 페널티Penalty가 주어지며
이에 대부분 승복한다
Yellow(경고), Red(퇴장) 카드를 주고받기도 하지만
심판 결과에 불만과 여운을 남기지 않는다

따라서
관중은 이에 환호하고 박수를 보내며
경기를 즐긴다

법法은
물론 엄격히 Rule을 적용 집행한다고 한다
그러나
일반국민의 시선과 판단(느낌)은 그렇지 않다고 여긴다

고개를 갸우뚱하는 경우가 종종 있다
그러기에 삼심三審 제도가 있다고 하겠지만
불만스러울 때가 없지 않다

왜 그럴까?
인간 관계라서 라고 하겠지만
권력의 높고 낮음에 차별을 느낀다

뿐만 아니라
유전무죄有錢無罪 무전유죄無錢有罪의 감정을
가짐은 스포츠와 대비되는 현상이다

법을 시행하고 집행하는 爲人들이여!
인간은 평등하다
法의 Rule을 바르게 적용 시행하고 집행하기를 바라노라

법의 집행 감독기관(司法機關)에 종사하는 자들이여!
何人을 불문하고 올바르게 엄격히 적용 집행됨으로써
불평불만 없이 신뢰할 수 있는 풍토가 조성되어야 하겠다

국민 누구나 스포츠와 같이 법의 판결에 순응하고 결과에
승복하며 반성하는 자세가 필요하고, 집행기관은 이에 못지 않게
국민으로부터 환호와 박수갈채를 받을 수 있는 믿음의 토대를
마련해야 하겠다

법과 질서유지는 인간의 삶을 윤택케 하는 지름길이다
인간은 태어날 때부터 평등하다
따라서 法 앞에서는 누구나 평등하다
平等과 公平의 眞理를 잊지 말아야 하겠다

- 2022년 12월 21일
- 法은 누구에게나 평등하게 적용되어야 한다.
- 法앞에 평등한 사회를 구현하여야 한다.

참 나쁜 사람들

善意의 위정자도 있지만 상당수의 위정자들이
상대 당의 실수 또는 잘못되기를 바라는 위정자들이 있다

상대의 잘못이 내가 밟고 일어설 수 있는 기회다 하고
생각하는 졸열한 위정자들이 있다는 것은 불행한 일이다

국민의 귀와 시선을 의심케 하는 爲政者들!
국가가 잘못되기를 바라는 爲政者들!
그들은 과연 누구를 위해 존재하고 정치를 하며
혈세를 빨고 낭비하는가?

나라가 잘 돼야 나도 잘 될 수 있다는 당연한 진리를
외면하고 잘못되기를 학수고대 하는 것처럼 하는
언행을 일삼는 위정자들

국민의 눈과 귀를 의심케하여 입에 담지 못할 험담이
저절로 나오며 얼굴을 찌뿌리게 한다

통치자인 대통령이 잘못하거나 실수하여 잘못되기를
바라는 듯한 언행에 의심을 지울 수가 없다

상대가 잘못돼야 어부지리로 내가 딛고 일어설 수
있다는 생각을 버리고 정정당당하게 선의의 경쟁과
자신의 실력, 애국하는 겸손한 마음으로
국민의 지지를 얻어야 하지 않겠는가

얍삽하고 비겁하게 상대의 실수와 미숙에 의해서
어부지리로 내가 잘 될 수 있다는 비겁함은 버려야 한다

국가운영에 내 편 네 편으로 갈라놓고 자기 편의 입맛에
맞지 않으면 온갖 험담 잡설을 대동하여 민망할 정도로
악담을 퍼붓는다 이는 正義에 反하는 것이다

친구와 이웃이 잘 돼야 나도 잘 될 수 있다는 원리를,
부자가 되려면 부자 옆으로 가라는 말이 있듯이
상대가 잘 할 수 있도록 협조함이 正道다

상대의 잘못을 기다렸다는 듯 이때다 하는
소인배의 근성은 한강물에 띄워 흘려보내라

국가는 어느 정당이나 누구의 소유물이 아니다
우리 자손만대 후손들을 위해서 발전시켜야 하고
발전할 수 있는 토대를 마련하여 모델을
제시해야 할 사명이 있다

오죽하면 다수 국민들이 국회의원의 특권을 내려놓고
무보수의 명예직으로 할 것을 청원 서명하고 있겠는가?

위정자들은 들으라. 그리고 뒤돌아 보아라
반성하고 뉘우칠 필요가 있다
어느 길이 正道인가를 판가름하여 바른 길로 가는 위정자가 되라!

방향 전환을 해야 할 싯점에 와 있다

국가의 장래를 위해서 대승적 차원에서 결심할 때가 됐다
爲政者들이여!
분골쇄신憤骨碎身 하라!
국민의 명령이다!

- 2023년 6월 1일
- 보훈의 달 첫날에 先烈들의 충정을 기리며
* 첨언
- 본래 作詩의 主題로 해서는 안 되겠지만 볼성 사나운
  정치권 꾼들의 모습을 보며 피력해 봤습니다.
  해량해 주시길 바랍니다.

날벼락

2022년 10월 29일 서울 날씨는 전형적인
가을 날씨로 하늘은 구름 한 점 없는 청명하고
기온은 영상 10도에서 20도로 쾌적한 날씨였다

밤 하늘에는 음력 초 닷새째 날
초승달이 인사를 건네며 서산에 지고
총총한 별들이 너도 나도 경쟁하듯
초롱초롱 유난히 밝고
빛나는 밤이었다

그런데 밤 10시경 서울 한복판 용산구 이태원에
상상할 수 없는 날벼락이 靑天하늘에서 떨어졌다
이로 인해
탐스럽게 피고 있는 꽃송이들 중 353송이에 내려쳐
그중 158송이를 온전히 땅에 떨어뜨려졌으며
재생할 수 없이 생명을 앗아가고 말았다
195송이에는 큰 상처를 안겨주어
다시 정상으로의 꽃을 피우기 위해선
상당 기간 온갖 정성의 손길이 필요한 상태다
정성을 다하여 조속히 정상으로 회복시켜야 한다

왜?
하필 서울 한복판에 날벼락이 떨어졌을까?
의문을 가질 수도 있겠지만
이와 같은 가정은 해서도 아니되며 날벼락은 지구촌 어디에도

일어날 수도 있지만 떨어져서는 안된다
못다핀 꽃송이 들이여!
아~ 슬프도다!
아~ 참담하고 가슴 아프도다!
온 국민은 물론 지구촌 곳곳
세계인들의 가슴에 슬픔과 큰 상처를 주었도다

우리 인간에게는 天災도 대비하고 막아낼 수 있듯이
날벼락 같은 人災는 일어나서도 안 되며
사전에 예방과 대비가 더욱 요구된다
말이 아닌 실제적이고 제로 상태의 실천 방안이
요구되는 시점이다.
날벼락은 사전에 충분히 예방할 수 있다
불가능은 없다
날벼락은 맞아서도 안 되고 맞지 말아야 하며
맞지 않도록 하여야 한다
너도 나도 우리 모두가 대비하자

땅에 떨어진 꽃들이여!
피안의 세계에서 활짝 피어나길 기도하며 애도합니다
상처입은 꽃송이들께선 하루속히 치유되어
정상으로 회복되길 빕니다.

-2022년 10월 31일
- 못다핀 꽃들의 영령들을 哀悼하며

운명

우리 속담에
접시물에 빠져 죽는다는 말처럼
마시고 있던 모과주酒 잔에
익사 사고가 발생했네

멋도 모르고 달려 들었다가
그만
헤엄쳐 나오지도 못하고
하나 밖에 없는 목숨을 잃었네

얼마나 맛이 좋았으면
죽을 줄도 모르고 덤벼 들어
굶주린 배를 채우려다
향기에 취해 실수한 것일까

단 맛에 홀려
아무도 건져주지 않는
한 잔의 생에 취한 우리 모습을 보네요
하루살이 한마리가…

- 2018년 5월 22일 밤에
* 우리 삶에 반면교사로 삼아야 되지 않을까요?
* 모과주酒를 거르며 한 잔술에서

버릇과 습관

세살 버릇 여든까지 간다
'습관은 제2의 천성이다' 라는
말이 있다

그만큼 습관과 버릇의 중요성을
대변하는 말이라고 할 수 있다

환영받는 좋은 버릇 좋은 습관은
쌍수로 환영하고 박수받아야 마땅하겠지만

반대로 상대를 불쾌하게 하고 눈빛을
찌뿌리게 하거나 자신에게 좋지 않은 버릇
습관은 자라기 전에 싹을 잘라버려야 한다

그렇습니다
좋은 습관은 운명을 바꿀 수도 있습니다

진취적이고 긍정적이며 남을 배려하고 양보하는
습관은 주위로부터 박수를 받고 운명을 바꿀 수도
있습니다 좋은 운명으로 바꿔 봅시다

나쁜 습관 버릇은 버리고
좋은 버릇 좋은 습관을 향유할 수 있도록
세심한 주의와 행동을 조심해야 하겠습니다
누구에게나

환영받는 좋은 버릇 좋은 습관을 기릅시다

처음에는 우리가 습관을 만들지만
나중에는 습관이 우리를 만듭니다

- 2023년 7월 7일
- 좋은 버릇 좋은 습관은 좋은 운명으로 바꾼다

말과 글
- 위대한 한글

발 없는 말이
천리를 간다고 한다
그러면
발 없는 글은 얼마나 멀리 갈까
발 없는 글은 세계를 돌고 돈다

이는 문자의 위력과 위대함을 의미하니
세계문자대회에서 우리 한글이 연거푸
세계의 문자 중에 으뜸이 되었으니
한글을 창제하신 세종대왕의 위대함은
말로 다 표현할 수 없다

세상은 위대한 한글을 사용하는
한민족이 세계를 지배하게 될 것이다

일찍이 인도의 시성詩聖 타고르는
"코리아는 장차 동방의 등불이 될 것이다"
우리나라를 향해 예언한 바
이는 선견지명 있는 평가였다
위대한 글을 창제하여 사용하고 있는 국가와
민족이 세계를 지배함은 당연한 귀결이다

2024년 10월 9일은 세종대왕이 한글을 창제한
578주년이 되는 기념일이다
우리의 자랑 한글 文字!

세계화되는 그날이 머지 않았음을 인지하고
이에 대비하여
국민의 의식수준도 세계를 선도할 수 있도록
지혜를 모아야겠다

힘내라 대한민국이여!
대한민국 만세!
우리 한글 노래 부르며 만만세!
우리 모두 다 함께 지혜와 힘을 모으자!

* 한글 날 노래
  최현배

〈 1절 〉
강산도 빼어났다 배달의 나라
긴 역사 오랜 전통 지녀온 겨레
거룩한 세종대왕 한글 펴시니
새 세상 밝혀주는 해가 돋았네
한글은 우리자랑 문화의 터전
이 글로 이 나라의 힘을 기르세

핑계

'핑계 없는 무덤이 없다'
라는 우리 속담이 있다

편리함이라고 할까 변명이라고 할까
삶에서 없어서는 안 될 이유의 단어 '핑계'

무슨 일이 잘못 되었을 때, 뜻대로 잘 안 될 때는
'너 때문이야' 이유를 붙여 핑계를 댄다
나의 잘못이 아니라고

일이 계획대로 잘될 때, 생각대로 되어갈 때
핑계는 자취를 감추고 내가 잘 났다고 으스댄다

사전에 한 약속도, 즉흥 제의도 마음이 내키지 않으면
사실이 아닌데 사실인 것처럼 너 이리 와 핑계를 호출한다

너 때문이야, 순간 모면하지만 양심의 가책으로 남는다
살다 보면 어쩔 수 없는 경우가 있다
이때에 선의로 그를 부르자

핑계!
참 편리하면서도 자신을 기만하는 속성 때문에
뒤끝은 개운치 않은 여운이 남는다

살다가 보면 핑계 없이 살 수는 없겠지만

부득이한 경우를 제외하고 가급적 사실 그대로
양심에 가책받지 않도록 언행에 유의해야겠다

오늘도 나 자신에게, 어느 누구의 선의에
사실이 아닌 이유를 대며, 핑계를 대지는 안했는지…

체하는 척하는

세 사람이 길을 함께 가다 보면 그중에
한 명은 스승이 있다고 한다

우리 속담에도
'제 잘난 맛에 산다'
라는 말이 있지만
나만 잘난 체 잘난 척 하는 것은 예의禮儀가 아니다

나만 아는 체, 아는 척하는 것은
상대에 대한 배려와 존중이 아니요
겸손이 나를 돋보이게 함을 모르는 처신이다
나만 예쁘고 멋있는 체, 멋있는 척하는 것
예쁘고 멋있은 게 아니다

나만 모른 체, 척하는 것
겸손이 아니며
나만 가진 체, 척하는 것
가진 것이 아니다

나만 모른 체 척,
없는 체 척하는 것
진정한 겸손이 아니다

공동체 정서를 사는 사람은
나 혼자가 아니고 상대가 있다
상대라는 것은 서로가 대등한 관계이지

어느 누가 더 위에 있거나
높고 낮음이 있는 것이 아니다

상대가 있기에 내가 있어
상대의 눈높이에 맞게
처신과 행동함이 올바른 선善이다
착각은 자유이겠지만
착각을 자제하고 억누를 수 있는 것도
타인에 대한 배려이다

우리 삶에서 상대를 빼놓고는
아무것도 생각할 수 없다
사람과의 상대, 동식물과의 상대
자연과의 상대, 우주만물과의 상대가
모두 타자他者와의 관계인 것이다

상대에 맞춰서 표현하고 행위함이
사람으로서 최고의 가치이며
최선最善의 처신임을 명심해야 한다
이를 실천함이 사람답게 사는 것이다

우린 항상 상대를 존중하는
마음과 태도를 견지해야 한다
지나치게 아는 체 잘난 척 가진 체하는 것은
진정 사람다운 도리가 아니고
똑똑한 사람이 아님을 알아야 한다

서설瑞雪

2022 壬寅年 정월 초하루 아침
서설瑞雪이 내렸네

통행에 불편하고 활동에 제한을 주지만
예로부터 정월초하루 설날 눈이 내리면
瑞雪이라하여 그해 풍년이 들었다 한다

왕조국가체제하王朝國家體制下의
농경사회에서는 한 해의 풍년농사가
그해 최고의 경사로 여겨왔다

오늘날
民主共和政 국가체제의 디지털 세상
사회에서는 통치자의 국가운영이
국가발전과 안정 국민의 삶에 지대한
영향을 미친다

올해 3월 9일은 대통령 선거일로
설날 아침 瑞雪이 내린 것은 예사롭지가 않다

무너져가는 나라를 회복시키고 발전시킬
역량 있는 지도자가 선출되지 않을까 하는
하늘의 뜻, 天命이 아닐까 하는
국민의 생각은 여망을 꿈꾼다

인간이 天命을 거역하거나 자연을
저주하지 않는 한 인류역사와 자연은
순기능의 순리를 따르려 할 것이다

2022 壬寅年 정월 초하루 설날 아침에
瑞雪이 내렸으니 예로부터 우리에게 준
교훈의 메시지를 믿어 보아야 하겠네

희망은 희망을 갖고 정진하는 자에게
희망이 현실로 실현되게 되어 있나니
희망의 실현을 믿어 보도록 해야겠네

나목裸木

실오라기 하나 걸치지 않고
깨끗이 벗었다

넘 깨끗해서 좋고 시원해서 좋다
무슨 미련이 더 필요하랴

이왕이면 백설세제白雪洗劑로 속때까지
맑끔히 씻어내자

새옷으로 다시 갈아입는 날
새 마음으로 새롭게 시작하자

새 희망을 안겨주리라

- 2022년 12월 22일
하얀눈이 무지무지 내리는 날
깨끗한 정치 사회를 소망하며

▎평설

철학적인 물음, 철학적인 삶, 긍정의 미학
- 박길동 시인의 시세계

지은경 (시인·문학평론가·문학박사)

1. 산파술産婆術로 풀어보는 시 짓기

　박길동 시인의 두 번째 시집『내 마음속에 그림 그리기』는 시인의 삶에 대한 질문과 답을 찾아가는 산파술과 같은 시 짓기로 읽힌다. 철학의 아버지 소크라테스는 제자들과 대화법을 통해 어떤 문제점을 해결하기 위해 질문을 던지고 답을 찾는 지혜를 깨우치고 있다. 그가 남긴 "너 자신을 알라"는 명언은 너 자신이 무엇을 알고 무엇을 모르는지 깨달음을 주는 뜻으로 답을 찾아가는 해석으로 풀이되고 있다. 박길동 시인의 시들은 스스로에게 질문하고 답을 얻는 지혜의 산파술적 시들로 평하며 시인의 시집은 일반 시인들의 시집과 달리 희망의 인문학서로 읽혀진다.
　문학은 교시적 기능과 쾌락적 기능 두 가지 효용가치가 있다. 문학을 단순하게 정의할 수 없지만, 감정을 전달하는데 그치지 않고 사회를 교화하는 도덕적 교훈을 전달해 왔다는 것은 동서양 문학의 역사를 보면 문학이 사회를 교화하는 기능을 해왔음을 알 수 있다. 도덕이나 이데올로기가 인간의 삶에 지대한 영향을 미쳐 전달해 왔으며 인간 존재의 의미를 탐구하는 기능을 해왔다고 할 수 있다. 또한 문학을 통해 아름다움을 전하고 싶어하는 정서순화 기능도 담당해왔음을 알 수 있다. 문학은 타인을 위로하고 자신을 위로하여 긍정의 힘을 키우는 역할을 해온 것이다. 작가가 무엇을 쓴다는 것은 의미적인 일이다. 살아 있는 존재는 모두 의미이고 싶어한다. 의미는 글 쓰는 이유가 된다. 하물며 생각하는 존재요 지각하는 존재인 시인의 의미 있는 행위는 당위적 사유가 된다.

2. 존경받는 시인의 사회

문학은 인간구원과 존엄성을 지키기 위한 방법론을 실험해 왔다. 부조리한 사회를 고발하고, 시대를 증언하는 인간중심적인 문학을 구현해 왔다. 그래서 문학의 본질적 기능은 철학성을 담고 있으며 이 철학은 인간에 대하여 세계에 대하여 그 진리와 가치를 알고자 한다. 즉 인간 문제를 탐구하고 삶의 의미를 물으며 그 답을 찾아가는 과정이 시인 것이다. 공자도 시가 인간의 마음을 정화하고 공리적 가치를 지닌다고 말했다. 시인의 시를 읽어보자.

오늘은
내 남은 날의 첫 날
경사스러운 날이다

내가 이 세상에 살아 있음에
내 남은 인생에서 제일 젊은 날

가장 행복한 날이다

어제는 지나갔으니 잊고
내일은 아직 오지 않았으니
걱정하지 말자
오늘은 하고 싶은 일을 하되
할 수 있는 일에 최선을 다 하고
후회를 남기지 말자

- 시 「내 남은 날의 첫날, 오늘」 부분

시집 1부 첫 번째 실린 시가 「내 남은 날의 첫날, 오늘」이다. 시인이 살아가는 삶의 자세와 마음을 보여주는 시로서 주관과 주체성이 확립된 시이다. "오늘은/ 내 남은 날의 첫 날"이란 시구가 나오기까지 시인은 삶의 많은 경험과 체험을 통해 '오늘'에 대한 철학적 정의를 내리고 있다. 많은 사람들이 내일을 위해 오늘을 희생하므로 어쩌면 오늘은 죽은 듯 살아왔는지 모른다. 시인은 '내 남은 날의 첫 날'이라 생각하고 오늘을 아름답게 살라고 경고한다. "내가 이 세상에 살아 있음에/ … / 가장 행복한 날"이 오늘이라고 강변한다. "어제는 지나갔"고, "내일은 아직 오지 않았으니" 최선을 다해 오늘을 살라고 말한다. 어쩌면 오늘이 소중하다고 강조하는 것은 반어법으로 오늘을 잘 살 때 어제는 아름다움으로 남게 될 것이고 내일은 단단하게 시작될 것이기 때문이다. 가장 쉬운 말로 누구나 아는 말을 시로 쓴 것이라 생각할 수 있지만 이 시는 시인의 경험과 체험에서온 깨달음의 철학적 내용이다. 어제 오늘 내일은 시간적으로 연결돼 있어 오늘을 잘 사는 것은 어제와 내일을 잘 사는 것이 된다. 오늘은 과거인 어제로부터 배우므로 더 나은 미래를 위해 오늘을 잘 살 수 있는 것이다. 선물 같은 오늘을 최선을 다해 살 때 미래는 빛날 것임을 암시한다. 시인은 늘 생각하는 사람이며 진리를 좇는 자이다. 철학은 생각을 넓혀주어 지혜를 갖게 하는 깨달음을 주는 시이다.

내 마음속의 캔버스 위에
내가 원하는 삶의 그림을 그려본다

자꾸 그리다 보면 어느새
그 그림이 살아서 뛰쳐나온다

이왕이면
다른 사람과 내가 함께 행복해 지는 그림
최고로 좋은 그림을 자꾸 그려본다

그러면 나도 모르게 행복이 저절로
찾아와 행복해질 것이다
행복은 눈과 발이 달려 있기 때문에

행복은
가고 싶은 가정이나 집을 찾아 가고
가고 싶은 사람에겐 지체 없이 달려간다

나는 오늘도
마음의 캔버스 위에

행복해지는 큰 그림을 자꾸 그려본다
행복은 사랑이고 사랑은 행복이기 때문이다

- 시 「마음속에 그림 그리기」 전문

위 시는 표제 시로서 시인의 마음을 가장 정확하게 드러내는 시집의 뼈대가 되는 시이다. 천박하고 강퍅한 자본주의 시대에 사람은 어떻게 살아야 하는지 시인이 롤모델을 보여주고 있다. 화가가 아니어도 세상에 태어나서 사람들은 자신의 그림을 그리며 살아간다. 어떤 풍경의 그림을 그릴 것인가. 마음의 주인은 최선을 다해 자신의 그림을 그릴 것이다. 사람마다 자기가 원하는 그림이 있을 것이고 원하는 대로 그림을 완성해 나갈 것이다. 삶은 매일 어떻게 살 것인가에 대한 그림 그리기이다. 어떤 이는 아늑한 집을, 아름다운 꽃그림을, 혹은 사랑하는 연인을, 혁명하는 그림을, 하얀마음은 하얗게 파란마음은 파랗게 그려나갈 것이다. 박길동 시인은 "이왕이면/ 다른 사람과 내가 함께 행복해 지는 그림"을 그리고 싶다고 말한다. 나 혼자만이 행복해지는 그림보다는 우리 모두 다 같이 행복해지는 그런 큰 그림을 그리고 싶어 한다. 의미 있는 그림을 그리고 싶은 것이 시인의 마음이다. 사람은 모두 이상과 꿈을 향해 달려간다. 시인은 그 이상과 꿈이 사회적으로 출세하고 부자가 되는 것이 아니라 다른 사람과 내가 함께 행복하게 사는 것이다. "행복은 눈과 발이 달려 있기 때문에" 자기가 "가고 싶은 가정"과 "가고 싶은 사람에게" 달려간다고 하는 것에서 시인은 사필귀정 인과론의 법칙을 믿고 있다. 여기에서 행복은 사람이 강제할 수 없는 존재이며 선량한 사람에게 찾아간다는 것을 독자에게 암시하고 있다. 시인은 "캔버스 위에/ 행복해지는 큰 그림"을 그리며 "행복은 사랑이고 사랑은 행복"이기에 그런 꿈의 그림을 그리고 있다. 시인은 사랑 나눔이 행복의 길임을 확신하며 사랑을 실천하고자 한다. 시인의 사랑이 널리 전파되어 사회적인 실천운동이 되기를 바란다. 시인은 더불어 사는 건강한 그림을 그리고 있다. 이러한 시인들이 많을 때 우리 사회는 좋은 사회가 될 것이고 시인을 존경하는 사회가 될 것이다.

3. 시는 긍정과 사랑의 힘

문학은 단순히 교시적이거나 이데올로기적 기능에만 국한하지 않는다. 도덕, 종교, 철학적 교훈을 담고 있으며 인간존재에 대한 탐구를 병행해 왔다. 이것이 문학의 가치이다. 시의 교시적 기능은 도덕적 교훈과 이데올로기를 전달하는 데에서 시작되었지만 오늘날은 인간 존재와 삶의 의미를 탐구하는 데 더 넓은 영역으로 확장되었다. 시가 단순히 가르치거나 선전하는 도구가 아니라 독자와 함께 고민하고 공감하는 매개체 역할을 하고 있는 것이다.

우리는 시에서 어떤 가치를 발견하게 되나. 시는 생각하기이며 삶을 진지하고 뜨겁게 달구는 열정이다. 열정은 뜨겁기만 한 것이 아니라 긍정의 힘으로 승화시킨다. 미국의 테이크우드 교회의 조엘 오스틴(1963~) 목사의 책 『긍정의 힘』은 미래에 대한 희망에너지요 미래에 대한 목표지향성은 긍정적 신념과 태도가 역경에서 회복력을 가지며 재창조라는 복원력이 매우 높다고 말한다. 긍정심리학자 마틴 셀리그만은 '긍정심리자본positive psychological capital'에서 희망, 탄력성, 낙관주의, 자기효능감이 자신감을 심어주며 사고방식이 재도약하는 긍정의 힘이 강해진다고 정의한다. 긍정심리학은 비판적 사고를 지녔으며 어떤 사태에 처했을 때 다양한 관점에서 분석하고 평가하는 능동적 사고로 인간 본질을 찾는 과정을 관통한다.

가을은 꽃이다

여기 봐도 꽃
저기 봐도 꽃

너도 꽃이고
나도 꽃이네

나뭇잎도 꽃
풀잎도 꽃이며

산야도 꽃이고
호수
바다
초원도 꽃이네

하늘과 땅
천지가 꽃이니

가을은 꽃이다

- 시 「가을은 꽃이다」 전문

　상업주의 자본에 노출되어 있는 현대인들에게 자연의 아름다움은 마음의 힐링이 된다. 특히 꽃은 사람들에게 많은 사랑을 받고 있다. 누구도 꽃을 보고 화내는 사람은 없을 것이다. 산속 깊은 곳에 피어 있는 꽃은, 누구도 보아주지 않는 꽃이지만, 그냥 피어 있는 꽃은 누구를 시기하거나 자랑하지 않는다. 꽃은 존재 자체로 아름다움이다. 자랑을 좋아하고 돋보이기를 사랑하는 사람들은 어쩌면 꽃을 사랑할 자격이 없는지도 모르겠다. 시인은 '가을'이라는 계절을 꽃에 비유하고 있다. 여기를 봐도 저기를 봐도, 너도 나도 모두 꽃이라고 말하는 시인의 마음이 꽃이다. "하늘과 땅/ 천지가 꽃"이니 가을은 모두 꽃이 되고 있다. 가을에 대한 명상을 꽃으로 승화시키고 있는 시적인 부분이다. 어느 시인은 삶이 권태롭고 회의가 들 때 꽃을 산다고 한다. 꽃을 보면 피어나고 싶은 강한 열정을 느끼기 때문이란다. 어느 작가는 삶의 본질을 잃을 위기에 빠질 때 꽃의 세계로 들어가 명상을 한단다. 꽃을 보고 있으면 우주의 비밀이 숨겨져 있는 것 같아 눈부신 사랑이 샘솟게 된단다. 위 시도 꽃을 바라보는 시인의 마음이 꽃이 되고 있다. 꽃의 의미는 꿈, 소망, 사랑, 행복, 탄생, 기쁨 등 많은 언어를 지닌다. 그러나 꽃을 꽃으로 보아주지 않고 사랑해 주지 않는다면 꽃은 더 이상 꽃이 아니다. 꽃은 왜 세상에 존재하는 것일까. 아마도 이 풍진 세상을 살아가는 인간들을 위해 신이 보낸 위안이 아닐까. 가을은 천고마비의 계절, 결실의 계절을 맞아 단풍들어가는 가을을 시인은 꽃으로 보고 있다. 시인의 가을이 꽃밭이 되고 있다. 시「갈바람」도 자연을 긍정으로 칭송하는 시이다.

> 아내의 병환을 지켜며
> 우리의 보금자리에 등불을 밝힌 지
> 벌써 오십년을 지나 육십여 년에 이른다
>
> 그 많은 세월동안
> 희노애락 교차하는 스크린
> 모진 비바람에도 크게 흔들림 없이
> 꿋꿋하게 등불로 밝혀온 아내
>
> 기름이 쇠잔衰殘한 것인지
> 불꽃 심지가 다 타들어 가는 것인지
> 깜빡거리기 시작한다
>
> 오십여 년 간 사랑하는 이를 위해
> 천하를 훨훨 활활 밝게 비춰 주었던 등불
> 반세기 넘어서면서 한계에 이르렀는가
> 불빛이 점점 약해져 희미해지고
> 오래지 않아 꺼질 것만 같은 예감에
> 조마조마한 마음은 안타깝게 지킨다

― 시「희망의 등불」부분

시인은 오십년 넘게 산 병석의 아내를 돌보고 있다. 남편이 아내를 병 간호하며 가정사를 하는 일이 예사롭지 않다. 병석의 아내를 돌보는 남편의 모습을 그려본다. 긴 병간호에 효자가 없다는 말도 있다. 오랜 세월 아내가 늙고 병들어 요양원에 보낼 만도 한데 시인은 아내를 다른 사람의 손에 맡기지 않는다. 그 많은 세월 "모진 비바람에도 크게 흔들림 없이/ 꿋꿋하게 등불로 밝혀온 아내"를 생각하면 조금도 힘들다는 말을 할 수 없다. 아내의 등불이 꺼질 것 같아 노심초사 조마조마한 마음으로 쇠잔해 가는 병실을 지키고 있다. 시인의 몸도 늙어가는 몸이다. 그러나 옛정을 잊지 않고 아픔을 함께 하며 돌보고 있다. 마치 테레사 수녀의 모습을 닮아 이타적이고 함께 살아온 동지에게 의리를 지키는 모습이다. 노부부의 아름다운 모습이 이런 모습이 아닐까 생각된다.

　영국의 철학자 프란시스 베이컨은 사람을 곤충에 비유하여 '개미형인간', '거미형인간', '꿀벌형인간' 세 가지 유형으로 분류한다. '개미형인간'은 땅 만보고 달리는 부지런함은 있으나 자기들끼리만 뭉치는 개인주의적 인간이라고 한다. '거미형인간'은 일은 안 하고 거미줄을 쳐놓고 기다리다가 먹잇감이 걸려들면 낚아채는 이기주의형 인간이란다. 마지막 '꿀벌형인간'은 꽃가루를 옮겨 스스로의 힘으로 꿀을 만들어 다른 이에게 나누어 주는 이타주의적 인간으로 가장 바람직한 인간상을 제시한다. 우리가 산다는 것은 타자와 함께하는 것이다. 시인은 오랜 세월 함께한 병든 아내 돌보기를 기꺼이 지키는 꿀벌형인간성으로 긍정의 힘을 보여준다. 긍정의 힘은 감사의 마음에서 나온다. 불평과 불만의 일상에서는 평상심을 잃게 된다. 힘들고 어려워도 고난을 극복하고 견디는 인내의 자세는 겸손에서 나온다.

4. 시대를 외면하지 않는 선비정신

붙잡아도 붙잡지 않아도 오월은 간다
수많은 사연을 남기고 떠나간다

60년 전의 5.16 군사 혁명
30년 전의 5.18 항쟁의 슬픈 역사

그런가 하면
오월 1일 근로자의 위로와 휴식을 위한 근로자의 날
오월 5일 우리들의 세상 희망의 어린이 날
오월 8일 부모의 사랑과 자식의 효도를 생각케 하는 어버이 날
오월 15일 세상을 밝게 살아가도록 깨우쳐 주신 스승의 날

오월 18일 철부지 청소년소녀가 성인이 되는 성년의 날
오월 21일 살아온 날들 살아갈 날들 사랑을 재확인하는 부부의 날

가정과 사회생활을 소중히 다짐해 보는 가정의 달 오월
신록의 계절, 계절의 여왕, 장미의 계절, 장미축제의 오월

— 시 「2020 오월은 간다」 부분

"오월은/ 금방 찬물로 세수를 한/ 스물한 살 청신한 얼굴이다" 피천득의 '오월' 예찬의 나오는 글이다. 오월이 얼마나 아름다우면 계절의 여왕이라고 부르겠는가. 오월은 봄이 무르익어 녹음이 짙어져간다. 그 아름다운 오월에 우리의 역사는 사랑을 잃고 피를 불렀다.

시인은 "60년 전의 5.16 군사 혁명/ 30년 전의 5.18 항쟁"의 슬픈 역사를 되돌아본다. 혁명이란 독재자에 침묵하지 않고 저항하며 들고 일어나는 것이다. 항쟁 역시 불의를 외면하지 않고 맞서 싸우는 것이다. 기득권 세력은 지키려하고 비기득권은 이를 파헤쳐 바르게 세우려한다. 역사는 시간이 지나면서 탈색되거나 혹은 권력자가 바뀌면서 변형되기도 한다. 지금 사회적 갈등이 심화되는 이유이다. 대한민국 역사는 1948년 8월 15일 대한민국정부가 수립되어 건국되었다. 만천하에 공표한 이 사실을 부정함으로 사회적 갈등이 야기되고 있다. 기념일은 독립기념일부터 생일기념일까지 잊지 않고 마음에 담아두는 날이다. 의미 있는 날을 기억하고 기리며 기념한다. 우리나라 공휴일은 명절과 기념일로 법정공휴일은 16일이다. 대체공휴일까지 하면 더 늘어난다. 명절은 설날 추석날로 가족이 모여 조상님께 추모하고 감사드리는 날이다. 국경일은 삼일절 광복절 개천절 한글날이 대표적인 국경일이다. 기념일은 현충일 어린이날 어버이날 스승의날 등이 있다. 시인은 오월의 기념일을 꼼꼼히 기록하고 있다. 시가 개인의 감상을 넘어 기록을 담는 부분이다. 이 외에도 5월 11일은 동학농민혁명의 날이 있고, 5월 20일은 세계인의 날도 있다.

善意의 위정자도 있지만 상당수의 위정자들이
상대 당의 실수 또는 잘못되기를 바라는 위정자들이 있다

상대의 잘못이 내가 밟고 일어설 수 있는 기회다 하고
생각하는 졸열한 위정자들이 있다는 것은 불행한 일이다

국민의 귀와 시선을 의심케 하는 爲政者들!
국가가 잘못되기를 바라는 爲政者들!
그들은 과연 누구를 위해 존재하고 정치를 하며
혈세를 빨고 낭비하는가?

나라가 잘 돼야 나도 잘 될 수 있다는 당연한 진리를
외면하고 잘못되기를 학수고대 하는 것처럼 하는
언행을 일삼는 위정자들

국민의 눈과 귀를 의심케하여 입에 담지 못할 험담이
저절로 나오며 얼굴을 찌뿌리게 한다

통치자인 대통령이 잘못하거나 실수하여 잘못되기를
바라는 듯한 언행에 의심을 지울 수가 없다

— 시「참 나쁜 사람들」부분

대한민국 헌법 1조1항과 2항은 "1항–대한민국은 민주공화국이다. 2항–대한민국의 주권은 국민에게 있고, 모든 권력은 국민으로부터 나온다"고 명시하고 있으니 정치는 위정자만의 것이 아니다. 주권을 지켜야 하는 국민들은 정치에 관심을 가지지 않을 수 없다. 더욱이 권력자들이 국민의 혈세를 부조리하게 부당하게 사용할 때 국민은 침묵을 지켜서는 안 된다. 박 시인은 위정자들의 추악한 작태를 고발하고 있다. "상당수의 위정자들이/ 상대 당의 실수 또는 잘못되기를 바라는 위정자들"이라고 정치가들의 비열함을 꼬집는다. "국민의 귀와 시선을 의심케 하는 爲政者들!/ 국가가 잘못되기를 바라는 爲政

耆들!/ 그들은 과연 누구를 위해 존재하고 정치를 하며 혈세를 빨고 낭비"하느냐며 호통을 치고 있다. "국민의 눈과 귀를 의심케하여 입에 담지 못할 험담"을 하여 눈살을 찌푸리게 한다고 밝힌다. 이렇게 국민이 다 알고 있는 잘못된 사실을 직언하는 사람은 만나기란 쉽지 않다. 세월이 흘러 정권이 바뀌면 바른말 했던 자신들에게 불이득이 올까 겁을 먹고 비겁해지는 것이 일반적인 사람들의 마음이다. 그러나 시인은 직언한다. "국회의원의 특권을 내려놓고/ 무보수의 명예직으로 할 것을 청원 서명"하는 국민들이 있음을 알리고 있다. 문인은 선비정신을 지켜야 한다. 세속의 이익보다 대의명분을 소중히 생각하고 의리를 위해 목숨을 바칠 수 있어야 한다. 조선시대의 선비정신은 사물을 분명하게 보고, 확실하게 듣고, 깊이 생각하며, 온화하고 공손하게 말하고, 타인을 섬기며, 이득을 보면 의로운가 불의한가 생각해야 한다고 '성균관'에 선비의 36가지 지켜야 할 덕목이 기록되어 있다. 시인은 말한다. 정치가는 적어도 기본적인 선비정신과 도리를 지키도록 할 것을 '국민의 명령'으로 고발하고 있다.

나 자신이 심심하지 않도록
취미를 만들어 주고

친구를 사귀어
외롭지 않게 해주고

가끔 멋진 식당에서 식사하며
나 자신에게 선물을 주고

많은 사람과 어울릴 수 있게
책을 읽어 해박한 지식을 쌓고

아침마다 거울을 향해
"파이팅"을 외쳐며
하루를 활기차게 만들어 주고

신발만은 좋은 걸 신어
좋은 곳에 데려다주게 하고

미래에
나 자신이 위험하지 않게
저축으로 대비하고

건강을 유지하도록
하루 30분씩 꼭 산책을 하고

부모님께 잘 해서
이다음에 후회하지 않도록 하고

예쁜 꽃들을
주위에 꽂아두고
향기를 맡을 수 있게 해 주고

넘어졌을 때
다시 일어날 수 있도록
나를 훈련시켜주고

너무 많은 것을
속에 담아 두지 않게
가끔은 펑펑 울어 주고

누군가에게
섭섭한 일이 있어도
용서해 줌으로써

내 마음을
포근하게 해줘야 한다.

− 시 「나를 사랑하는 방법」 전문

    다른 시가 세상을 향한 고발이라면 이 시는 시인 자신을 향한 고발이요 사랑의 시이다. 자신을 사랑한다는 것은 살아 있음의 확인이며 그 사랑은 자비와 자애로움을 지닌다. 결코 짧지 않은 47행의 시는 나를 사랑하는 방법이 눈물겹다. 또한 나를 관리하는 방법을 상세히 나열하여 타인에게 귀감이 되고 있다. "심심하지 않도록/ 취미를 만들어" 주고, "친구를 사귀어/ 외롭지 않게" 만드는 것이 첫 번째 방법이다. "가끔 멋진 식당에서 식사하며/ 나 자신에게 선물을 주"는 부분은 아름다우면서도 눈물겹다. 시인은 비록 누군가에게서 선물을 받지 못하더라도 스스로 자신에게 선물주며 위로하는 부분에서 코끝이 시큰해진다. "책을 읽어 해박한 지식을 쌓고", "아침마다 거울을 향해/ '파이팅'을 외치며" 자신에게 용기를 준다. 이 외에도 "신발만은 좋은 걸 신어/ 좋은 곳에 데려다주게" 하고 미래를 위해 저축도 하고 건강도 유지하고 후회 없도록 부모님께 효하고 꽃의 향기를 맡으며 넘어졌을 때 다독여주고 가끔은 펑펑 울기도 하고 누군가 섭섭하게 해도 용서해 주고 포근하게 감싸준다는 시인의 마음을 들여다보는 평자의 눈물을 흘리지 않을 수 없게 한다. 이렇게 시인이 자신을 일으켜 세우기까지 얼마나 많은 눈물을 흘렸을까 미루어 생각하게 된다. 울어보지 않은 자가 어찌 남을 용서할 수 있으며 어찌 품어줄 수 있으랴. 시인의 바다와 같이 깊고 넓은 포용의 시에 잠시 머무르지 않을 수 없다.

5. 의미와 저항의 현대시

문학은 언어예술이다. 예술의 힘은 위대하다. 지난하고 고달픈 삶을 지탱하게 하며 자존감과 존엄성을 지켜준다. 시는 언어가 지니는 진정성과 헌신적 실천이 인간 영혼의 자유와 보편적 가치를 지켜주고 있다. 박길동 시인의 시들은 인간 사랑과 위안이며 기록의식과 역사의식이 있는 시들이다. 총 112편의 시들은 삶의 경험과 체험에서 얻어진 내용들이 철학적 질문을 통해 답을 얻는 길을 가고 있다. 평자는 5년 전 박길동 제1시집

『밤나무집 도령』의 해설을 맡았던 기억을 떠올린다. 박 시인의 생각과 언어 그리고 행동의 일관성이 그가 시인의 길을 잘 지켜가고 있으며 열린사회의 길로 가고 있음을 보게 된다.

 시의 본질은 언어예술이다. 현대시는 어떻게 써야 한다는 요체는 없다. 다만 현대시는 현재적인 것이며 현실인식에서 출발한다는 개념은 명확하다. 그 시대를 살아가는 사람들이 공유할 수 있는 내용, 태도, 이념, 가치 등이 시에 녹아있어야 현대시인 것이다. 문학은 저항에서 시작한다. 저항하지 않는 작가는 혼이 없는 작가이다. 시의 최고의 이상은 혼의 울림이 있어야 한다. 시의 고양된 언어는 의식이나 감정, 분위기 따위가 체험을 통해 영혼으로 승화된 데에서 나온다.

 박길동 시인은 진리탐구를 위해 공부하는 시인이다. 그의 혼을 울리는 시는 끊임없이 자신을 연마하고 갈고 닦아 아름답고 바른 인생을 살고자 하는 긍정의 마음에서 나온 것이다. 긍정의 마음은 기적을 만든다. 탐진치를 잘 다스리는 것은 마음의 일이다. 탐貪은 탐욕, 탐심으로 이기적인 욕망과 욕심이다. 진瞋은 분노, 화, 불만을 뜻한다. 치痴는 무지, 무명, 어리석음이다. 인간을 가장 괴롭게 만드는 뿌리가 바로 치이다. 시인의 삼독번뇌를 벗어난 수행의 시들이다.

 박길동 시인의 제2시집 『내 마음속에 그림 그리기』는 제1시집 『밤나무집 도령』에서 한 단계 발전한 모습을 보여주고 있다. 신간 시집 출간을 진심으로 축하드리며 많은 독자의 사랑을 받을 것을 기대한다. 시의 길도 인생길도 꽃처럼 아름답게 채워 가기를 희원한다.

박길동 두 번째 시집

밤나무집 도령
내 마음속에 그림 그리기

초판 인쇄　2025년 8월 11일
초판 발행　2025년 8월 11일

지은이　　박길동
펴낸곳　　도서출판 책나라
등　록　　110-91-10104호(2004.1.14)
주　소　　㉾ 03377 서울시 은평구 녹번로 3가길 14,
　　　　　라임하우스 1층 101호
전　화　　(02)389-0146~7
팩　스　　(02)289-0147
홈페이지　http://cafe.daum.net/sinmunye
이메일　　E-mail / sinmunye@hanmail.net

값 15,000원

ⓒ 박길동, 2025
ISBN 979-11-92271-52-1

* 이 책 내용의 전부 또는 일부를 재사용하려면
　저작권자와 도서출판 책나라 양측과 협의하여야 합니다.
* 저자와의 협의에 의하여 인지를 생략합니다.
* 파본은 구매 서점에서 교환하여 드립니다.